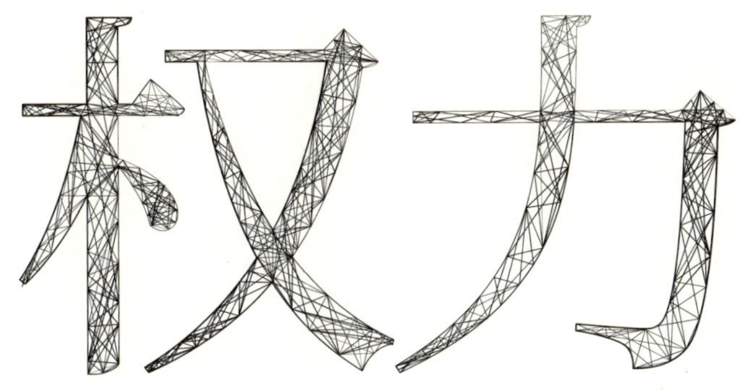

ACTING WITH POWER

Why We Are More Powerful Than We Believe

[美] 德博拉·格林菲尔德（Deborah Gruenfeld）著
林明东 译

中信出版集团 | 北京

图书在版编目（CIP）数据

权力 /（美）德博拉·格林菲尔德著；林明东译
. -- 北京：中信出版社，2021.2
书名原文：Acting with power
ISBN 978-7-5217-2467-7

Ⅰ. ①权… Ⅱ. ①德… ②林… Ⅲ. ①社会心理学—研究 Ⅳ. ① C912.6-0

中国版本图书馆 CIP 数据核字（2020）第 240127 号

权力

著 者：［美］德博拉·格林菲尔德
译 者：林明东
出版发行：中信出版集团股份有限公司
（北京市朝阳区惠新东街甲 4 号富盛大厦 2 座 邮编 100029）
承 印 者：天津丰富彩艺印刷有限公司

开 本：787mm × 1092mm 1/16 印 张：18 字 数：170 千字
版 次：2021 年 2 月第 1 版 印 次：2021 年 2 月第 1 次印刷
京权图字：01-2020-5056
书 号：ISBN 978-7-5217-2467-7
定 价：69.00 元

谨以此书献给

我们夫妻双方的父母

目录

第四部分 停止滥用权力

前　言

我和权力的故事

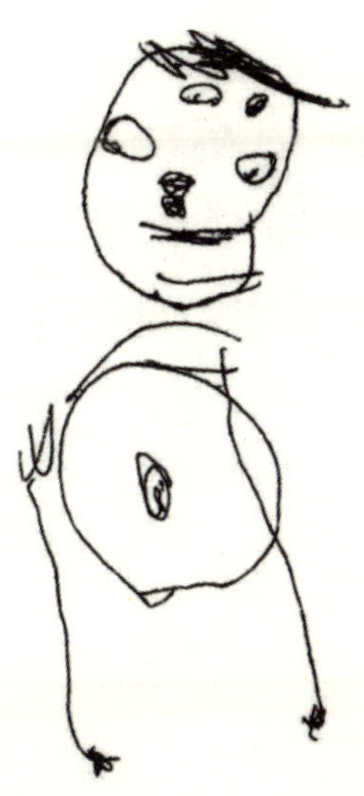

这是我三岁时画的第一幅自画像。

这幅画是我在母亲家一个抽屉的最里面找到的，当时我一眼就认出了这幅画画的是谁。画中的这个人长了好多只眼睛，嘴巴紧闭，不过没有手臂。她什么都看得清楚，却不能按照自己的心愿行事。画中的这个人就是我，这是我三岁时第一幅自画像。

再看看现在的我，二者之间的相似之处可能并不明显。现在的我是斯坦福大学教授，从事权力心理学的研究、写作和教学工作已有 20 多年。我有一份不错的职业，也有一定的发言权，并且知道如何利用它。今天，我的孩子们的第一张自画像被保存在我家一个抽屉的最里面。从我三岁那年起，很多事情发生了变化，但画中那个呆头呆脑的小家伙却一直跟着我，如影随形。

我曾经以为只有我自己有这种感觉，但如果说我在权力方面的研究工作中有所收获的话，那就是，并非只有我自己有这种感觉，每个人都有感到无能为力的时候，不管他们的权力有多大。无论我们能否意识到，事实上我们每个人都有权力。

这并非直觉。但是权力的概念会让我们感到渺小。从某种程度上说，我们是在童年时期，也就是在生命中最脆弱的时候，开始了解权力的，此后这种认识会长期留存在我们的脑海中，挥之不去。我们遇到的第一批掌权者，也就是我们的父母以及其他成年人，教会我们如何在家庭中生存下去。我们都是带着童年时期养成的观念进入成人世界的，比如不安全感、习惯和舒适区，而这些又把我们吸引到了熟悉的剧目中——在那里，我们可以扮演熟悉的角色。与权力的第一次交锋给我们留下了无法磨灭的印记。

作为一名学者，我写了很多文章，讨论拥有权力可能是什么样子；而作为一个人，我明知无用但仍抱一线希望，希望自己能够成为一名专家，并在自己的领域里扬名立万，希望这会让我感觉更强大，让我更容易做我自己。然而，现在看来，拥有权力之后并没有像我原来想象的那样。权力这东西可以说是树大招风——权力越大，受关注度越高，监督力量会越大；而期望值越高，越容易垮台，风险越大。拥有权力之后并没有减轻我童年时期的不安全感，只是为我提供了一个更大的舞台来展现这种感觉。

学习“扮演”教授

当上教授是我人生中一次颇为明显的转变。我读了 5 年多的研究生，已经非常适应教授这个角色。我拿到博士学位后，接受了美国西北大学的一份工作邀请，并且就在上班的第一天，顺理成章地成了一名教授。但我觉得自己没有变化，我还是原来的自己，做着同样的工作——做实验、发表期刊文章、研究教学，但对其他人来说，我已与以往不同：身为教授，我应该博学多才，成为专家，组织其他人各尽其责，并且能够指导学生。

这真是莫大的讽刺，着实令我不安。作为一名心理学家，我是地地道道的权力问题专家，但仍然感到无能为力。我觉得自己像个冒牌货，不配得到“教授”这个角色带来的尊重和关注。我的事业越进步、个人地位越高，就越努力地想让别人了解我。我能看到别的教授拥有权力时的样子，只是无法将自己视作他们中的一员。

后来，一次意想不到的机会让我产生了突破性的改变。为了全面提高教学质量，斯坦福大学为商学院全体教师提供了一个新的培训项目，我应邀参加了这个项目，培训师是一位有戏剧表演背景的顾问，即使在演艺活动盛行的加州，这也有点儿玄乎，但我还是同意参加，因为我这个人就是这样，认为自己不能不参加这样的活动。

我在一个让人产生幽闭恐惧的教室里待了整整两天，和我一起的还有其他 8 名教师和身材矮小、精力充沛的培训师芭芭拉·拉尼布朗。芭芭拉让我们每个人准备 3 分钟的授课内容，然后在所有同事面前做教学演示。第一个人演示结束之后，芭芭拉问了他（一位满头白发、操着英国口音的国际贸易专家）一个意想不到的问题："你把哪些角色带到了讲台上？"演示者对她眨了眨眼睛，一脸懵懂困惑的样子。有位同事感觉到了演示者的迷惑，要求芭芭拉把问题阐释清楚。她温和地解释说，"教室就像是个剧场，我们在这里扮演着老师的角色"。她停顿了一下，以便让在场的人都能理解她的意思。过了一会儿，她继续说道："上课就是在表演，我们就像演员一样，能够根据内心深处鲜活的人物形象，选择如何扮演这个角色，帮助我们将角色演活。"

她的话音刚落，人群中就出现了一阵骚动，有人不以为然地笑了笑，我还听到有人轻蔑地哼了一声。我环顾四周，看看是否有人赞成她的这种说法。有人说出了我当时的感受："我在教室里不是在演戏，我展现的就是真实的自己。"

芭芭拉先是仔细思考了一下这位老师的话，然后询问我们对刚才那段教学演示的看法："刚才那个人，你知道他是你的同事，但从没见过他上课，那么他在老师的角色扮演上有什么不同吗？你有没有看到他以前从未示人的一面，或者了解到一些你不知道的关于他的事情？"

答案当然是肯定的。"舞台上的他"和我们在教室外认识的那个他完全不一样。每个人3分钟的教学演示，一次又一次地证明了这一点：有位老师，大家一直认为他是个典型的木讷寡言的学者，哪知道上台之后，他变成了"单口喜剧演员"；另一位平时随和友好的同事上台之后却变得十分严厉，甚至有点儿吓人，他还给自己起了一个恰如其分的外号"治安官"；还有位老师，他在教职工会议上经常表现得冲动好斗，上台之后却表现出了"村中长者"的那种淡定沉稳。在教学过程中，我们每个人都展示出了自己隐藏的一面。每个人，不管是有意还是无意，都从我们已知的、已经存在于体内的人物身上汲取灵感，表现出我们认为最优秀或者至少是最自在的一面。

这真是令人大开眼界。我认识到自己带了一大群人参与到讲课过程中：精力充沛的人、充满激情的人、紧张的人、顽皮的人、脆弱的人、聪明的人、知识渊博的人、严肃的人、善于表达的人，以及有影响力的人。不用说，并非所有人都受到了邀请，但他们都出现了，而且，舞台不够大，容不下这10个人。事实证明，我并不真正信任他们中的任何一个：我担心强者会招人反感，弱者会被人鄙视。如此一来，这些人物都在幕后角力，而观众可以看出其中端倪。

那天我们离开教室时，每个人都带着一份作业：再准备几分钟的教学演示。但这一次，我们要尽量展现出自己更多的角色特点。第二天我们来到教室，准备迎接挑战，其中一些人比其他人冒了更大的风险。“村中长者”上台时，全身衣服皱巴巴的，说话时充满了浓郁的乡土气息；“治安官”穿的是牛仔靴，偶尔还会拿他的手指当枪使，效果很好。我不记得自己当时做了什么，但这一切很能说明问题。

我清楚地记得一点：与一些同事不同，我无法停止自我审查。与此同时，我可以看到，当同事们放开自我、完全接受他们扮演的角色时，他们的表演实际上变得更扣人心弦、更有吸引力，也更加真实。不知何故，表演并没有使他们显得不那么真实，反而让他们看起来更真实。

* * *

我现在知道，权力不关乎个人，至少不是我曾经认为的那样。在生活中，就像在戏剧中一样，我们扮演的角色赋予了我们权力。如果我们的表演成功了，就不要让我们内在的不安全感阻止我们成为工作需要的那个人。不管从事何种工作，若要成为你渴望成为的人，就要有效地运用权力（不管你是否觉得自己拥有权力），你必须从自己的剧情中走出来，学习如何在别人的故事中扮演你的角色。

我可能对自己的教授身份感到不自信，但事实上，我就是教授。对我来说，“扮演”教授并不是在“冒充”教授，而是接受大家承认的一个社会现实，并努力发挥自己的作用。

我们总是对自己是掌权者的想法感到不舒服，但是，为了更好地利用权力，我们必须在适当的时候展现出自己最好的一面，同时把那些缺乏安全感、不太有用的部分隐藏起来。或者，用英国影视巨星朱迪·丹奇的话来说就是：“成功的诀窍就是认真对待工作，但千万别把自己当回事儿。”

“祸水红颜”的风波

2015年开学的第一天，我发现自己上了新闻——一位终身教授（我）陷入了一场“三角恋”，当事人还包括已经同她离婚的丈夫和商学院院长，而这三人都在商学院上班。这则绯闻引起了广泛的关注。《纽约时报》、《华尔街日报》以及《商业周刊》等媒体的记者们掌握了院长和我之间的私人信件，而且是你能想象到的最私密的那种信件，于是他们纷纷打来电话求证。

这不是我渴望扮演的角色，我成了世人的笑柄。最初的报道说，研究权力和不当行为的专家，竟然与自己的上司发生了“秘密恋情”。事实上，我们俩都是单身，约会已近三年，我们的关系也不是什么秘密，并且行为没有违反学校的规章制度，所以在我们看来这没什么大不了的。但是，人们不会考虑这些事实，单单我同“院长”发生关系这一点就改变了他们的看法。我们之间的关系被演绎得十分“狗血”，而我也被塑造成了“祸水红颜”。

你可能会想，作为权力问题专家，我可能已经预见到了事情的发生，并且应该清楚它会发展成什么样子。但在这件事曝光之前，我始终同权力保持着一定的距离。我研究过、思考过、讲授过权力问题，但在那一天之前，我对待权力就像对待沙盘游戏中的玩具一样，只是把它拿在手中颠来倒去，看看如何把玩而已。成年之后，我发现权力令人着迷，却看不出它和我有什么关系。

我的私生活被曝光之后，首先让我震惊的是，所有人竟然都在关心这件事。我原本以为这是我的私事，我和院长人到中年，都已离异，彼此欣赏，承蒙上帝垂青，得到了再次恋爱的机会。我们的世界变得非常小。我们最担心的是孩子，担心他们会不知如何处理我们之间的关系。我们认为这件事与其他人没有任何关系，但显然，我们错了。尽管我们的世界很小，但所站的舞台并不小。

“祸水红颜”这件事逐渐被人们淡忘了，今天，我知道自己不再是被人嘲笑的对象。我知道，尽管我无法控制别人对我的看法，但别人对我的评价并不能决定我是什么样的人。今天，我把自己看作一个演员——一个更邋遢但更真实的人，一个会竭尽全力但还是会犯错的人，一个有爱心但也有需要的人，一个自信但也缺乏安全感的人，一个在某些方面很强大但在另一些方面无能为力的人，一个认真对待自己的责任但表现并不完美的人。

在剧院里，成功的演出意味着演员能接受并秉承做人的真正意义：一个人的身上同时存在着强壮与虚弱、成功与失败、强大与无能这些特征。事实上，这正是专业演员在每次进入角色时面临的挑战。要真实地扮演任何角色，演员必须无条件地接受这个角色，对我们其他人来说也是如此。只要承认每个人都是如此，只要学会重视这些事实，并在适当的时候体现出自身在这些方面的价值，只要优雅镇定地改正我们的错误，就能增强自己的适应能力，摆脱惭愧和自责，并最终变得更加强大。具有讽刺意味的是，真实也来自这一点：我们不应试图做到更多，而是要学会接受自己。

就个人而言，我在公共场合遭遇的尴尬已把我锻炼得更加坚强。我曾亲眼看见，当一个陌生人意识到我就是他们在新闻上读到的那个当事人时，闪过的局促不安的眼神。我现在的反应是努力让他们感觉更舒服一些，因为我仍然在做自己喜欢的事情，努力让自己成为一个对社会有用的人，扮演着生而为人的角色。你知道吗，我不再恐惧，最重要的是，我知道如何拥有自己需要的一切力量。

我们并非总是会扮演自己想要扮演的角色，或者是觉得已经为要扮演的角色做好了准备。但正如他们所说，演出必须继续。

对权力的误解

我不是第一个关心权力问题的作家。在人类文化中，我们痴迷于自己和他人的权力。关于如何获得更多权力的著作有很多，观点也几乎一样多。但对我来说，这些方法都没有抓住要点。我所有的研究、所有的经验，无论是个人方面还是专业方面的，都清楚地阐明了这样一个观点：成功、影响力和生活满意度不是你积累权力的结果，甚至也不是别人认为你有多大权力的结果，而是你运用自己已经拥有的权力为他人服务的结果。

这在当前的权力语境中不言而喻，其结果在社会生活的每个领域都显而易见。当我们把所有时间都花在担心自己没有掌握的权力上时，那就是把权力看成了个人消费和私欲膨胀的资源，把获得权力当成了目的本身，认为自己需要更大的权力才能实现生活目标，并且相信拥有权力的大小决定了自己的人生价值。我们总以为，无论付出什么代价，都应力争获得更高的地位，并在任何情况下都要保持优势。传统的权力观告诉我们，成功的关键是通过任何必要的手段尽快获得更大的权力——权力大的人才是人生赢家。

这些想法在很多时候不仅是错误的，而且会产生恶劣的后果。那种认为我们都需要更大权力的想法，加剧了我们内心深处的恐惧，增强了内心深处的破坏本能。当掌权者感到自己无能为力，不了解自己所处的现实，或害怕自己的权力变小时，他们就会倾向于保护自己，无法对他人慷慨大方。我们都知道权力使用不当意味着什么，你不妨看看新闻：内心充斥着仇恨的世界领导人，贪腐成性的政客，肆无忌惮、寡廉鲜耻的首席执行官，性侵成瘾的娱乐大亨，在大学招生考试中帮孩子作弊进名校的有钱父母……这样的例子不胜枚举。那些利用手中的权力控制自己无力感的人注定会偏离他们的责任，这就是权力使用不当的后果。

合理使用权力产生的结果不那么明显，这往往让人感到不可思议。我认为，关键在于接受这样一个事实：我们拥有的权力往往比自己认为的大。这样说并不牵强。权力存在于每一个角色、每一种关系中，它是在彼此需要的人之间传播的一种资源。关系中的双方都需要对方，并且都能帮到对方，所以权力几乎从来都不是绝对的。这意味着我们所有人都能凭借在他人生活中扮演的角色而获得权力——不管我们是谁，不管我们有多突出，不管我们相处得有多融洽，不管我们感觉如何。为了合理地使用权力，我们需要从不同的角度来思考权力，需要为我们拥有的权力承担责任，需要比现在更认真地对待我们的角色和责任。这就是我撰写这本书的原因。

“我们比自己想象的更有权力”的想法可能会让人迷失方向。有人认为，将自己与他人联系起来的角色和责任可能会成为权力的源泉，而不仅仅是带来约束。有人认为，力争第一不一定能确保成为第一。这种说法听起来可能是完全错误的。能让人在群体中占据最高地位的不仅仅是个人的能动性、竞争力以及社会生活中的残酷竞争，研究表明，许多物种的个体都会因合理利用自己的力量（使自己成为有用的个体，从而解决群体问题，而不仅仅是贪图第一）获得奖励，得到地位，受人尊重，让人钦佩，通常还会获得更大的权力。拥有个人抱负或想要保住自己的地位并没有错，但是，我们也可以发自肺腑地关心那些没有我们强大的人，以此提高自己在群体中的地位。这就是合理使用权力的意义。

本书试图纠正人们对于权力的普遍误解。权力是什么？它是如何运作的？以及它如何影响社会生活的方方面面？20 多年来对权力心理学的科学研究，以及作为学生和教师在课堂内外的亲身经历，为本书提供了丰富翔实的资料。本书充分利用了大量MBA（工商管理硕士）、高管、企业家、学者、专业演员和国家领导人的故事和智慧，我曾与他们探讨过权力的本质，并且从中受益匪浅。此外，本书还从一门MBA课程中提炼出了关键的经验教训——这门课程的缘起是一个古怪的实验，但它很快就成为斯坦福大学商学院最受欢迎的选修课之一。这门课程告诉我们，真正持久的权力并非来自追求个人地位或依附强大的外部势力，而是来自学会将权力和领导力视为推进彼此剧情发展的机会。

* * *

本书是一本关于权力的著作，适合那些曾经深感无助的人阅读，无论他们是否握有权力；适合那些对进入一个更大的角色感到不安的人阅读，也适合那些感觉被困在一个小角色里的人阅读；适合那些既想表现得自信但又缺乏安全感的人阅读，也适合那些既想扮演某个角色但又感觉自己像个冒牌货的人阅读；适合那些经常行使权力但又感觉自己可以做得更好的人阅读。

本书适合每一位争取采用不同的方式行使权力但又坚持展现自我的人阅读；既适合那些努力向上、争取得到更认真对待的人阅读，也适合那些试图置身事外、不具攻击性的人阅读；既适合别人嘴里常说的那些“争强好胜”的人阅读，也适合别人嘴里常说的那些“好人”阅读。

本书适合那些想要了解滥用权力的原因，想要学会反抗、让自己变得更强大的人阅读；适合那些曾经在权力方面犯过错误的人，以及那些渴望控制自己内心“恶魔”的人阅读；适合那些想要合理使用权力的领导者阅读，因为他们希望在这种环境中能杜绝欺凌、骚扰和其他滥用权力的行为，希望自己德能配位、赏罚分明、身先士卒、以身作则。

本书分为四个部分。第一部分揭示了关于权力的常见迷思，研究了权力的实际运作方式以及不恰当的运作方式。这一部分明确阐述了权力表演的含义以及成功表演的意义。在第二部分，我们将探讨为什么角色在社会和职业生活中非常重要，尤其在涉及权力的时候。我们还将探讨如何确定你扮演的角色，以及如何更好地扮演这个角色，不管你觉得是否自然。我们将研究昔日的角色是如何跟随我们进入新环境的，以及为什么我们中的一些人似乎只能以一种方式使用权力。要用好权力，我们需要掌握指挥与控制、尊重与沟通的方法。因此，在第二部分，我们还将探讨如何扩大你的权力范围：如何让你左右逢源，既能和别人产生联结，也能对他们下达指令，既能控制住别人，也能对他们表现出尊重。

本书的第三部分探讨了如何处理不安全感，也就是演员内心的表演焦虑。登上更大的舞台时，我们内心自然会产生这种不安全感。我们将探讨角色转换带来的挑战、角色转换能力的重要性，以及演员如何内化某个陌生的新角色，以免茫然、不知所措。我们还将探讨如何认真对待每一个角色，同时仍然展现出真实的自我。

第四部分论述了权力滥用问题，比如性侵和恃强凌弱等行为，解释了它们发生的原因（并非你想象的那样）。我们将讨论如何避免被塑造成受害者（或者无意中被塑造成恶棍），如何避免被迫破坏人际关系。我们将研究如何在围绕我们展开的戏剧中扮演积极的角色，而不是扮演旁观者。最后，我们还将讨论一下组织机构的领导层如何使用权力，创造理想的环境，以减少当前司空见惯的权力滥用现象。

本书提供了一种有效的方法，将责任置于权力之前，将发展置于事实之前。这是一本关于如何更好地利用权力的书，告诉我们一定要更少地考虑自己的私利，一定要重视自己所处的环境。如果你跟我一样，或者跟我的同事一样，我认为你会发现这种处理社会生活的方法可以改变一切：不仅可以让你适应权力，改善人际关系的质量，提高你扮演的各种角色的影响力，还可以改变你所属团体的整体表现。个体重视集体成果、致力于提升彼此的表现，就会产生心理上的安全感，增强决策的敏捷性和灵活性，并将地位与权力之争最小化，这样就可以把精力用于集体目标。而且，尽管听起来有夸大之嫌，但我相信，如果有更多的人能采用表演的方式行使权力，那么一定会造福整个社会。通过学习如何更好地、更大规模地使用权力，我们就能更好地预防权力滥用，阻止各种社会机构因滥用权力危害世人。

大多数关于权力问题的著作都在讨论如何赢得与他人的斗争，但本书讨论的是如何战胜我们自己。

第一部分

权力到底是什么？

第1章

权力的本质

权力是个迷人的话题。无论我和谁在一起——女人或男人、知名人士或普通百姓、非营利性组织的管理者或商业领袖、企业家、中层管理人员或高层管理人员，每个人都关心权力，而且理由都很充分：掌握权力的人控制着我们的命运。权力能博得欢心，也能招致反感；权力能带来发展，也能导致毁灭；权力能打开门路，也能关闭门路；权力能决定谁去参战、为什么需要和平，以及为何而战；权力能决定我们的生活方式、法律法规，能决定谁拥有物质上的优势、谁没有物质上的优势。伯特兰·罗素曾说过，权力是人类关系的根本力量。正如音乐剧《汉密尔顿》中那个经典桥段，权力决定了谁生、谁死、谁来讲述你的故事。

人类对权力的兴趣有着深刻的存在的根源。心理学家认为，我们之所以在乎权力，是因为我们害怕死亡，而权力可能会带来某种永生。这可能有点儿沉重，但从进化的角度来看是有道理的。权力具有生存价值，不仅能使我们更容易获得共享资源、掌控自己的命运，而且能强化我们与他人之间的关系，提高我们在部族中的地位。人类心理学发展至今，充分证明了这些进化事实。在我们的印象中，一个人掌握的权力越大，就能活得越长久、越精彩，甚至在他离开人世之后，依然能够活在别人的心中。

我们常常在不知不觉中追逐着权力。尽管我们不愿承认，但权力之争无处不在，甚至在我们认为不涉及权力的地方也是如此。不仅在工作中存在权力之争，在家庭里、在婚姻中、在兄弟姐妹中、在朋友中、在更广泛的社会中，权力都是一种核心的组织力量。我们每时每刻都在处理权力分歧，调解有关权力的问题，但我们却常常认为是在处理与权力无关的事情。

一旦开始留意，你就会发现权力之争无处不在。即便是朋友间闲聊，谈论的不是与权力有关的话题，比如新闻报道、家里十几岁的孩子几点熄灯睡觉，甚至晚餐约会要去哪家餐馆等，我们也经常想要比较一下谁知道得更多、谁的人脉更广、谁的利益最重要、谁最后拍板、谁占据道德优势、谁制定规则，等等。

关于强权人物的文章很多，其中描述了他们的习惯、策略和弱点，许多人在研究权力时都带着仰视的态度，当然里面也夹杂着恐惧、钦佩和嫉妒。这种个人崇拜的方式似乎表明，权力属于个人，这个人拥有其他人所不具备的超凡魅力和极大的野心。这意味着一个人要想成为强权人物，他就需要不惜一切代价，不惜牺牲其他所有人，努力让自己强大起来，以致能够统治世界。因此，其他人会认为权力不属于自己，觉得这种处事之道不正常（甚至令人反感）。我们放弃管理控制他人，表现得如同谦谦君子，将自己与坏人划清界限。但实际上，这样做是把自己的权力拱手让给了错的人，因为我们不知道大权在握的同时如何做一个好人。

我开始研究权力时，这个话题本身就让我感到不舒服。和我这一代在黑人民权运动时期长大的许多人一样，我从小就被教育要关心社会正义，承认社会生活中的不公平，相信人人享有平等的权利。我心中第一批英雄人物是马丁·路德·金、罗伯特·肯尼迪，还有我的高中英语老师——她是一个不太保守的女权主义者。我曾经认为，做一个好人就要拒绝一切形式的权力。

因此，作为一名研究人员，我开始着手褪去权力的光环，揭开其面纱，揭露其黑暗的一面。这并不难。在一项又一项的研究中，在各种各样的任务中，我们发现，与那些被我们分配到“卑微”环境中的人相比，那些被我们随机分配到“位高权重”环境中的人表现得更任性、更狂妄，更不注意自己行为的后果。乍一看，这似乎表明权力可以激发出每个人内心的邪恶。

但随着科学的发展，随着越来越多的研究人员关注这一趋势，情况变得微妙。有时，当我和我的同事对普通人进行实验，让其掌握权力时，这些普通人会变得更自私，更无视社会规范。但有时候，情况正好相反。权力并没有把每个人都变成怪物。事实上，有时候权力能激发出人们通力合作、亲善社会的本能。

在我们充满竞争色彩的文化中，把权力看作自我提升的手段是很自然的，但权力也是我们用来照顾我们关心的人的工具，而这本身也是一种自我提升。研究发现，人们在勇于牺牲自我、敢于承担风险时，地位会得到提升，有时这种牺牲指的是全力以赴地努力工作，有时指的是不计回报、牺牲自我来帮助他人。

随着时间的推移，情况变得越来越清楚：权力既能让人表现出其最高尚的一面，也能让人表现出最卑劣的一面。我们都有自私的冲动，但也都能把他人的利益放在首位。我已经认识到，从本质上来说，权力本身并无好坏之分，掌权者也无高下之分。相反，如何运用权力取决于机会出现时我们的想法。决定我们是谁以及我们对世界的影响的，不是我们拥有多少权力，而是我们如何运用权力。

什么是权力？

权力的概念可能令人困惑。权力到底是什么？我们有必要在这一点上花些时间。有些人对权力一知半解。如果你想预测谁会得到权力，为什么会得到权力，以及如何得到权力，就必须了解权力到底是什么，以及权力不是什么。正如社会心理学家库尔特·勒温的那句名言："再没有比合适的理论更实用的东西了。"如果你想有效地处理权力差异、改变权力的天平，或者只是想弄清楚在特定的情况下自己有多少权力，那你必须知道权力是什么、权力来自哪里。

从定义上说，权力是控制他人及其结果的能力。因此，你的权力取决于他人对你的需要程度，尤其是为了获得不菲的奖赏和避免惩罚。有人因此需要你，你比其他人更能满足他们的需要时，你就比他们拥有更大的权力。别人需要你的时候，就会主动取悦你，这就赋予了你控制权。

权力不是地位。地位是衡量别人对你的尊重程度的标准。权力和地位当然是相关的，但是没有地位也可能拥有权力。例如，你马上就要迟到了，而一个陌生人正准备驱车驶离附近唯一可用的停车位，此时此刻，对你来说情况紧急，对他来说他能够控制结果（他可以不慌不忙地打个电话，让你在一旁着急等待），二者结合就赋予了他权力，无论他是否意识到这一点。有了地位，通常就有了权力，因为人们想和你建立联系。

权力不是职权。但二者同样也是相关的。职权是基于正式的职位或头衔，告诉别人该做什么的权力。因此，职权和权力是相辅相成的。没有正式的职权也可能拥有权力（就像司机腾出停车位一样）；没有真正的权力也可能拥有正式的职权，例如，大学的管理人员负责批准或拒绝增加研究和差旅经费的请求，但不能直接控制预算。

权力和影响力也是不同的。影响力是权力作用的结果。有些人偏爱使用影响力，不喜欢使用权力，因为使用影响力意味着你不必使用武力。但这种区分是错误的。当你有能力强迫别人时，事实上根本不需要使用武力。

简而言之，权力就是社会控制的能力。这部分十分简单，但也只是冰山一角。为了有效地使用权力，我们还需要了解权力的运作方式。对权力规则的认识会影响我们使用权力的方式，而许多认识都是错误的。为了更好地使用权力，我们需要以不同的方式来思考权力问题，需要开始关注人际关系、群体、组织机构以及社区中存在的权力问题。权力不是个人名誉或财产，而是你在别人的故事中扮演的角色。

为什么权力不是个人的？

误解：权力是个人的，要么拥有权力，要么没有权力。

事实：权力是社会的，它的存在与消亡都有其社会背景。

在崇尚个人主义的文化中，我们认为权力同其他任何事物一样，都是个人的。我们将其当作个人的荣誉或财产，可以获得，也可以积累。但如果仔细研究权力，你就会发现我们的看法过于偏颇。

权力并不是自我的一个方面，不可能被某一个人占有。财富、名望、魅力、美貌、雄心和自信都具有个人属性，我们将拥有权力等同视之。但这些只是权力的潜在来源，也可能是权力的结果，它们无一能保证对其他人产生影响。

能否让某些人产生影响——能否让其他人甘愿遵从这些人的愿望——取决于别人对他们的需要程度。任何人的权力都完全取决于权力生效时的环境。权力存在和消亡于人际关系之中、目标和目的之中、环境之中以及社会角色之中。例如，在人人都自信的情况下，自信就不占据什么优势；在一群俊男靓女中，美貌占据的社交优势也不如现场只有一个让人惊艳的人所占据的优势大。财富、野心和名声这样的品质也完全是相对的。那种认为权力依附某些固定的特征或特质的观点是十分严重的误解，导致了许多关于权力的错误观念。

权力不是永恒的。权力没有固定数量。相反，它是人与人之间达成的一种协议，规定了在关系中谁在什么方面、什么时间掌握控制权，判断标准就在于那一刻谁更需要谁。这意味着你不能总是带着权力从一个场景转换到另一个场景。例如，一个在与直接下属开会时大权在握的公司总裁，未必能在与董事会开会时拥有权力，也未必能在与自己十几岁的孩子共进晚餐时掌握控制权。

权力相对短暂的另一个原因是，它与谁能在特定环境中增加更多价值相关——独特的知识或技能比司空见惯的知识或技能更强大。在特定的关系中，权力与你的盟友、你的选择相关。一个没有盟友、没有选择的人，力量要比具备完全相同的能力和技能，但却拥有强大稳定人脉资源的人小得多。

权力是社会契约的一部分。只要一个人同意被你控制，你就有了权力。有权有势的人若是违反了赋予他们权力的隐性协议条款，很少会长期掌权。人们会摆脱无法忍受的婚姻，孩子长大后会摆脱对父母的依赖，反复虐待员工的老板最终可能会被员工炒掉，激起太多民愤的残暴独裁者可能会引发一场革命……换句话说，权力的天平是可以倾斜的。

我们经常看到，某个人在前一分钟可能还是房间里最有权力的人，在后一分钟却丧失了全部权力：运动员在帮助自己的球队赢得冠军之后，在下一轮选秀中可能炙手可热，但若在赛季前的训练中膝盖受伤，就会变成废柴一个；支持率很高的政客在台上可能权倾一时，但被发现挪用公款被迫辞职后就会失去所有权力；还有一点可能也是不言而喻的，一旦没有演员、导演或投资者与娱乐大亨合作，那么娱乐大亨就无法再利用自己的权力从渴望成功的女演员那里获取性服务了。

权力不是一种感觉。对自己获得权力或被剥夺权力的感觉是一回事，在评估自己拥有的权力时，我们往往会出现严重偏差。感觉强大并不意味着你拥有权力，感觉无能为力也不意味着你没有权力。如果让自己的感觉来引导行动，那事情很少会按计划进行。

的确，高估我们的权力有时会带来短期的好处，尤其是当别人也能从我们的大胆行动中受益时。低估自己的权力似乎是谦卑或谦虚的标志，这两种品质通常都是人们希望的。但事实上，最好是能够看清楚你所处的现实环境。没有意识到别人比我们强是许多失礼行为的根源，而没有意识到我们的权力比别人大也会产生严重的后果。例如，工作中的性骚扰行为，部分原因是许多老板低估了他们的权力对他人的影响。正如一家大型电信运营机构的人力资源主管所透露的那样，在面对女下属的投诉时，许多男主管都感到震惊，他们会问：“这算什么问题？她是个成年人，如果不愿意她可以拒绝的。”这显然是不了解下属与主管之间的现实关系。如果否认了权力差异的事实，我们可能会为每个人都创造出一个不公平的危险处境。

权力不是权利。尽管一些有权势的人可能不这样想，但占据权力的位置并不能自动给任何人带来尊重或控制社会的权力。当权力运用不当时——欺骗孕育权力的体制，或者不顾群体福祉攫取个人利益——掌权者就失去了地位和合法性，并在某种程度上失去了控制他人结果的能力。这种情况在一些国家经常发生。在这些国家里，摇摇欲坠、腐败成性的政权不择手段地维护自己的权力，全然不顾愤怒民众的意愿。丧失地位与合法性之后，掌权者只能依靠威胁、威吓和武力来保持优势。一般来说，一个人越是需要展示自己的权势，可能他拥有的权力就越少。

权力不（只）是外在表现。我们的行为方式会产生影响。正如对自己拥有的权力判断得很糟糕一样，我们很容易被他人的权力误导。在很大程度上这是因为权力不是直观的，有些特点是隐性的。我们经常会认为某些人比其他人更有权力，并想当然地认为这些人更适合掌权。但是，如果试图根据外在表现来推断谁拥有权力，就很容易犯错。

例如，外表温顺、获得更好工作机会的求职者比看起来过于自信但没有具体选择机会的求职者权力大；与公司中手握实权的人有过硬关系的初级员工可能比那些职位更高或工作时间更长的同事权力大；负责首席执行官日程安排的行政助理可能是该组织机构中权力最大的（许多人都是吃了苦头才明白这个道理的）。知识几乎总是权力的源泉，你无法直接看到别人知道什么或认识谁。

外在表现可以体现出权力的某些特征，例如肢体语言，但这也可能有误导性。动物在感受到威胁时会表现出攻击性，也就是说，不是在它们确信自己能赢的时候，而是在它们担心可能会输的时候。所以说对某些人的评价是有一定道理的，比如有些人喜欢开昂贵的跑车，有些人大摇大摆到处炫耀，有些人笑起来旁若无人、说起话来口若悬河，有些人厚颜无耻地炫耀财富或地位，这些人往往是在补偿自己在其他方面不够强大的感觉。事实上，房间里最重要的人物通常是那些努力显得低调的人，以免吓到他人或引起不必要的注意。

在镜子前摆好姿势后，你可能会觉得自己更有权势，有时也能通过虚张声势来赢得权力之争，但从长远来看，真正重要的是事实本身，也就是你所处环境中的共享现实。

为什么权力未必是控制？

误解：权力是控制。

事实：权力是控制与关系。

权力的使用通常会让人联想到支配与胁迫，或者是强迫别人出于恐惧做出违背自己意愿的事情。但是，权力不仅仅是使用武力威胁他人的能力。权力是一种社会杠杆，可以通过许多不那么激进的方式来运用、获取和投资。权力在某些圈子里享有盛名，它既能在人与人之间制造隔阂，也能使人团结起来。

对互补原则的研究清楚地表明：不只是没那么有权势的人会被更有权势的人吸引，有权势的人也常常被不那么有权势的人吸引。从这个意义上说，权力差异就是一种吸引力，它提供了一个用于协调和联系的结构，可以建立关系、强化关系。等级关系可以使人们一起工作，高效地完成共同的目标，因为他们不必争夺控制权。因此，试图在没有关系的情况下使用权力可能是浪费精力。正如我认识的一位经验丰富的高管喜欢说的那样："如果你在前面带路，但没人跟随，那你只不过是在散步。"

根据已故哈佛大学心理学家、权力和人类动机研究专家戴维·麦克利兰（David McClelland）的说法，大多数职场人士都将自己面临的权力挑战描述为专断独行的愿望。我们常常没有意识到的是，表达尊敬甚至服从的能力也可以带来权力。所谓的尊敬是指在对待他人时，承认他们的专业知识和经验至少和你的一样重要。这并不意味着你的权力小于你尊敬的人，而是意味着你不打算用自己手中的权力来对付与你有关系的伙伴。尊敬对方可以消除相互间的敌意，表明彼此之间不存在威胁，可以创造信任的基础，建立关系。

我们通过自己的行动，帮助团队运营发展，以此来赢得地位——赢得团队的尊重和较高的社会地位。如果使用得当，带着尊敬他人的心理使用权力，可以为我们赢得地位（从长远来看，也能赢得更大的权力），因为这被视为胸怀坦荡：它可以帮助提高团队决策质量，可以让别人感觉受到重视，并且非常有利于赢得他人的信任。

1990 年，政治学家约瑟夫·奈将硬实力和软实力的概念引入国际事务领域。正如他描述的那样，硬实力包括恐吓、军事干预和高压外交，其中涉及使用经济制裁。软实力更多的是关于魅力、谈判，以及使用一个国家可以使用的几乎所有其他外交手段，使另一个国家的利益与自己的利益保持一致。约瑟夫·奈认为，几十年来，美国人过于依赖硬实力，这损害了美国的国家利益。而在这期间，中国以其强大的魅力让世人看到了一个长期奋斗的国家的和平崛起。这是将软实力与其他战术结合使用的光辉榜样。中国领导人利用外交软实力，构建文化桥梁，打造商业伙伴关系，从而赢得了战略优势。

后来，约瑟夫·奈又创造了“巧实力”一词，用来描述硬实力和软实力相结合的外交政策，即将两者结合起来，应对不同的情况。他认为，巧实力不仅要考虑一个国家的武器库规模或使用野蛮武力的意愿，还要深刻了解对方，了解对方的利益关切，以及对方想要的理想结果。同时，还需要理解冲突发生的背景，并根据这一背景来决定采取什么行动、采用什么手段，以及在什么时间、以什么方式采取行动。

在我看来，这是完全正确的，甚至在人际关系层面也是如此。这并不是说控制他人能显得更强势，尊敬他人会显得软弱。这两种做法都很有效。想要行使权力，我们每个人都需要完整的武器库，“两种武器”都需要掌握。我们要能够分析面临的具体情况，重点关注哪种方法可能更有效，不要只在乎哪种方法让我们看起来有多么强势或软弱，还要关注身外的结果，因为结果更重要。

有一种观点认为，权力是一种为了达到自己的目的而控制他人的能力，但权力也是一种使别人的生活发生积极变化的能力。为了更好地运用权力，我们常常需要具备这两种能力。

谁应当拥有权力?

误解：权力来自地位或职位。

事实：我们拥有的权力比我们意识到的要多。

我们经常在别人身上而不是自己身上看到权力的影子。但权力存在于每一种关系中，而不是仅仅存在于富人和名人的生活中。人际关系指的是人与人之间相互依存的关系。因此，无论你觉得自己多么渺小、多么无关紧要、多么无能为力，无论你扮演着怎样的角色，别人都对你有这样或那样的需要。以父母和孩子之间的关系为例。直觉上看，父母的地位似乎明显高于孩子。父母有更大的威望，也就是说，他们有权告诉孩子们该做什么。但大多数父母也希望他们的孩子爱自己、尊重自己，认可他们作为父母的能力。这就是为什么我们做父母的最后总是围着孩子转的原因。换句话说，做父母的想要正确使用权力，取决于我们能在多大程度上向孩子证明，我们试图动用自己的威望时，更关心的其实是孩子的需求和不安全感，而不是威望本身。在其他任何权力差异比较重要的环境或关系中，情况都是如此。

每个人在工作中也都有权力，不管资历、职称或职位如何，即使有时你意识不到这一点。当然，在某些方面，老板的权力更大。例如，他们决定着工资数额、职位晋升和工作分配。他们可以雇用我们，解雇我们，甚至可以成就或毁掉我们的职业生涯。

然而下属也有权力，只要他们有价值。如果某个下属工作努力、精明强干、兢兢业业，一般来说，老板肯定想让这个下属满意开心。这也与环境有关。比方说，在一个劳动力稀缺，劳动者辞掉工作后可以轻易在别处找到更好工作的经济环境中，老板掌握一定的权力，但从理论上讲，某个不可或缺的员工掌握的权力更大。那种身怀专业绝技、选择范围大的尖端人才具有强大的影响力，可以得到更多他想要的资源。要想在特定关系中掌握权力，必须有人需要你，必须使自己对别人有用。

性别差异与权力的关系

误解：男性和女性对待权力的方式不同。

事实：男性和女性对待权力的方式只有几个细微的差别，但差别的影响很大。

人们普遍认为，一谈到权力，男性和女性在能想到的所有方面都不一样。在社会上，男性仍然比女性拥有更多的权力，这是事实，但这并不意味着男性比女性更在乎权力。事实上，根据心理学家戴维·温特（David Winter）的一项研究，男性对权力的需求（有时也被称为权力动机），并不比女性更强烈。虽然有研究表明，女性对权力的兴趣不如男性大，但背后的原因是不一样的。在我们的文化中，性别角色决定了男性应该比女性更关心权力。因此，男性表现得对权力感兴趣时，人们觉得理所当然。而那些表现出对权力感兴趣的女性则往往饱受诟病。因此，女性往往不愿表现出对权力感兴趣，而对权力不那么感兴趣的男性也不愿意承认其他事情对他们来说更重要。事实上，男性和女性都关心权力，但他们表达兴趣的方式不同。

例如，男性往往更支持等级差异，所以他们认为，在社会上，一些群体应该比其他群体拥有更多权力，但女性则倾向于支持关于群体和社会的平等主义观念。理解这些性别差异的一种方式是，女性更感兴趣的是不让别人拥有凌驾于自己之上的权力，而不是让自己凌驾于他人之上。与之相一致的是，女性领导人使用权力的方式比男性稍微民主一些，而男性往往比女性更具有领导权威。这种差异是通过统计得出来的，比较可靠。然而，总体而言，这种差异并没有我们想象的那么大。男性在身体构造方面比女性更具侵略性，但是女性在其他方面掌握着支配权和控制权。简而言之，处于领导岗位的男性和女性都应该而且必须兼顾两种权力使用风格，既要彰显权威，又要体现民主。

我们看到担任高级职位的男性人数明显比女性多，因此你可能会认为男性能比女性更有效地使用权力。实际上这也是一种误解。诚然，在决定聘用或提拔人选时，男性往往比女性更受青睐。然而，研究表明，一旦进入岗位，女性往往被认为比男性效率高。看一下各行各业的360度绩效评估，你就会发现，在高级职位上，女性很少被认为不如男性，而且在领导岗位上，女性往往会比男性获得更高的绩效评级。一项大型荟萃分析结果显示，在几乎所有情况下，女性领导的绩效评级都高于男性领导，只有两个例外：第一，男性领导在男性主导的行业得到的绩效评级高于女性，如金融、军事领域（想必在这些领域中，更激进或更专断的方法可能更合乎需要，也更受重视）；第二，正如很多女性猜测的那样，男性领导对自己的评价普遍高于女性领导。

权力到底有什么用？

误解：权力越大，越成功，也越满足。

事实：关键不是拥有多少权力，而是如何使用权力。

在崇尚个人主义的文化中，我们常常把权力视作自我提升的工具和个人消费的资源。但是，细想一下，我们可以在家庭、组织和社区等社会群体中发现权力差异，可以帮助解决群体问题，而不是仅仅用于解决个人问题。在人类和其他动物中，领袖之所以拥有权力，是因为身为领袖，他必须愿意承担风险、保护族群中的其他成员。群体中地位较低的成员要为地位较高的成员服务，这样才能换取加入群体的权利，才能够得到保护，并使用其他人获得的资源。

关心自己很自然，也很合理，所以我们会问这样的问题：“这对我有什么好处呢？”但如果涉及掌握或行使权力，这样问就不太合适了。我们一般会在自己产生无力感的时候追求权力。但实际上，无论我们掌握了多大的权力，都无助于缓解那种无力感。我们生活中弥漫的那种无力感与权力本身无关。它是童年的产物，是生存的本能，是对我们无法永生这一事实的反应。在这一方面，其实所有人都无能为力。我们能做的就是接受这一现实，在现有的时间里，集中精力为他人做出改变。从某种程度上说，这种心态的转变是随着年龄增长自然发生的。随着智慧和生活经验的增加，随着对死亡的认识逐渐加深，我们开始更多地关注子孙后代，希望能通过我们的努力帮助他们茁壮成长。有所成就之后，我们开始思考人生的意义和目的，开始不那么在乎自己的成功和幸福，更多地关心子孙后代未来的成功和幸福。

既然如此，我们为什么还在等待观望，还不行动起来呢？幸运的是，只要学会以不同的方式思考权力在生活中以及在这个世界上的目的，我们在任何年纪都可以获得这种智慧，都能够成熟起来。

第二部分

权力的两面性

第 2 章

刻意夸大权力影响

高调表演

我开始与演员合作时，注意到的第一件事是，大多数人在考虑如何“演得”强势时，会把大部分时间花在该说些什么上，但演员手中有台词，这意味着他们可以花更多的时间思考肢体动作。说到如何运用权力，我们不仅要注意自己的语言，还要注意语言的表达方式，这样才可以学到很多东西。

表演作为一种职业，是一种艺术形式，而在舞台上刻意夸大权力的影响是一种艺术表达方式。演员们需要学习如何刻意夸大或刻意淡化权力的影响，将其作为专业训练的基本内容。英国戏剧导演、即兴表演先驱基思 · 约翰斯通指出，他所谓的“地位表演”（status play）是两个角色之间任何关系的基础。对于一个演员来说，掌握这些表演技能很有必要，这样才能真实地融入他们扮演角色所处的环境。

约翰斯通用“高调表演”这个词来形容一个演员为了在身份竞争中获胜所做的肢体动作上的努力。任何人在舞台上做的任何事都不是出于习惯或是跟着感觉走。选择高调表演是有战略目的的。无论何时，角色中的演员都想要获得更高的地位，得到更多的尊重，或者获得更多的认可（不是来自观众，而是来自剧中其他演员的认可），这是在情理之中的。演员高调表演，就是为了争取更高的地位和更大的权力。

约翰斯通认为，高调表演指的是通过做事来抬高自己，比如提及名人以显示自己的身价，声称身怀绝技，或者弄权等；或者是通过做事来贬低对方，比如批评或评价某人，不同意他们的意见，嘲笑他们，或者忽视他们。我们很容易犯错，即想当然地认为高调表演总能达到预期效果。但正如约翰斯通敏锐观察到的那样，无论是在戏剧中还是在生活中，演员之所以会选择高调表演，并不是因为他们比别人强大（他们对此心知肚明），而是因为不管在什么情况下，这些人都不确定自己是否受人尊敬，是否足够强大。约翰斯通认为，高调表演并不一定能心随所愿，只不过是表达了一种需求或愿望，试图提出一种要求。他认为，我们在生活和舞台上高调表演时传递出来的信息是：不要靠我太近，我会咬人的。

在戏剧中，就像在生活中一样，高调表演是一种策略，在某些情况下有效，在某些情况下则不然。采用不同的表演方式，最重要的是，选择不同的表演时机，高调表演既可以传递出咄咄逼人、傲慢自大、冷漠和狂妄等信息，也可以表现出能力、尊严、沉着，甚至是慷慨。这种表演方式不应不分时间、地点、场合随便使用，否则会显得太儿戏了。

野性的呼唤

约翰斯通对高调表演的研究显示了他敏锐的科学洞察力，他传授的大部分内容都能得到科学验证。舒展性的表现，如伸展四肢、挥动手臂、张大嘴巴、露出牙齿，都与社会科学家所称的支配行为有关。支配行为指的是所有动物愿意在必要时使用武力赢得战斗的表现方式。

在杰克·伦敦的经典小说《野性的呼唤》中，巴克是圣伯纳犬和苏格兰牧羊犬的混种，在美国加州被人偷走，卖到阿拉斯加，成了一只雪橇狗。为了在这个“狗吃狗”的新世界中生存下来，巴克必须恢复自己最基本的动物本能，因为环境已经发生了变化：原来的文明世界（在文明世界，要得到自己需要的东西，最好的方法就是友好合作，因而刻意淡化权力的影响合乎情理）变成了生存竞技场（在这里，为了得到自己需要的东西，睡觉时也必须睁着一只眼睛，露出锋利的牙齿，甚至要殊死搏斗）。

在野外，大多数动物（包括人类）都是群居的。为了被种群接受并最大限度地提高生存概率，它们必须首先学会如何保障安全，其次必须学会如何提高自己在种群中的地位。有时它们必须表现出顺从尊敬，有时则需要表现出统治力，因为在努力实现这些目标的同时，它们也在争抢地位。

为了显示统治力，动物会摆好架势，直接面对它的对手，眼睛直盯着对方，随时准备扑向敌人。在展现统治力时，其他动物跟人非常相似，真的会表现得趾高气扬、盛气凌人，有些动物的颈部毛发会竖起来，有些动物则会用后腿站立。它们会扩大自己身体的活动范围，亮出它们的武器——不仅仅是露出牙齿，还会露出爪子，炫耀它们的块头。就像人类一样，它们也会通过展示自己的体重来显示自己的力量。

一想到摆出这种姿势，有些人就会觉得不舒服。但我们必须接受这样一个事实，即人类衡量彼此的方式和其他动物完全相同，而且总是在使用非言语的方式向他人传递意图，不管是有意还是无意。我们在文明的现实世界中展现权力时，肢体语言非常关键，这就像在舞台上或在动物世界中一样，只有成功控制好肢体语言，才能让人信服。一般来说，我们更愿意相信别人传递出的非言语信息，而不是言语信息。而且，肢体上表现出来的权力主张可能比口头上说出来的更有效。

当然，说话的方式也很重要。说话本身就是一种肢体行为。在高调表演时，演员会有意放慢语速，使用完整的句子，一句话说完时音调会降低。表演时不慌不忙，不会因为索要时间或关注而道歉，也不要求进一步讨论。演员在高调表演时，嗓音通常更深沉，更响亮，因为这种声音来自腹腔，而不是喉咙。有意使用耳语也是高调表演，尤其是在冲突逐渐升级的时候，因为它需要听者更加专注，并且在面对情绪波动时显示出完全的自我控制力。

演员高调表演，会在说话时把头摆正。我认识一位年轻的初创企业创始人，他有时表现得不像公司总裁那样气场强大。后来有人教他在参加重要会议之前“戴上头饰”，指的就是把头摆正。想象一下你自己头上戴着一顶沉甸甸的王冠，注意一下身体其他部位发生的变化：你会站得更直，双肩下沉，走路甚至呼吸时变慢速度，下巴略微向上扬起，防止头上戴的东西滑落下来。

高调表演需要占用空间。高调表演的演员不会悄无声息地进入房间，而是会大模大样地现身，脚上穿着高跟鞋或厚底鞋，旁若无人，风度翩翩，神情专注（当然有时也会呼朋引伴），迈着大步闪亮登场。高调表演时，演员会舒展身体，身子后仰，并且就像我的同事丹·克莱因经常说的那样：“用错家具——把脚跷在桌子上，双腿跨坐在椅子上，胳膊搭在别人的椅背上，身子斜倚在办公椅上，等等。”这些都是典型的例子。总之，高调表演就是要占用空间，自己怎么舒服怎么来，表演起来如行云流水，身体动作显示出清晰的目的，没有一丝犹豫或自我怀疑。

弄权

弄权可能是人们在刻意夸大权力影响时最明显的表现，尤其是在职场中。弄权是公开声称自己有权根据自己的身份或等级地位来控制结果，比如当你的孩子意识到他们可以同你谈谈条件，问你为什么他们必须服从你的命令时，你会说“因为我是你妈妈，我说怎样就怎样”。商业领域也有类似的例子。据称，亚马逊公司首席执行官杰夫·贝佐斯不满其团队未能执行其命令，质问他们是否需要他自己开个证明，证明“我是首席执行官”。还有另外一个例子。据报道，亨利·福特要求那些质疑自己的人服从命令，因为“公司大楼上有我的名字”。

弄权是在提醒下属你拥有合法的权威来告诉他们该做什么，也就是说，是你扮演的角色或拥有的正式头衔赋予了你这种权力。这是主张权力的正当理由，很难反驳，并且效果很好。但这样做也可能会让彼此间的关系疏远，尤其是当等级地位或某种权威是一个人唯一的权力来源时。

弄权还意味着利用权威制定基本规则并监督实施，所以为完成工作创建实用的氛围是至关重要的。我认识一位首席执行官，他在会议开始之前会把智能手机和其他电子设备收到一个盒子里；我听说一些经理会把 Nerf 玩具枪带到会议现场，如果参会人员不遵守规定，经理就让他们互相射击；还有的经理规定，谁违反规定，谁就必须缴纳罚款，用于补贴公司员工的午餐费用；我还认识一位经理，他在刚上任的时候，要是有开会迟到的人，他会暂停会议，和迟到的人一起到走廊里，没有人知道走廊里究竟发生了什么，但过一会儿经理会独自一人回到会议室，以此方式杀一儆百。

我认识一位教授，一上课就把教室门关上，让迟到的学生站在门外。还有一位教授规定，如果在她的课堂上学生的手机响了，那么必须由她来接电话。“你好！”她开着免提，兴致勃勃地接起电话，而原本应该接听电话的那个学生则缩在座位里，无地自容。打电话的人很困惑地问：“我能和罗恩通电话吗？”这位教授以轻松愉快的语气回答：“我是阿克教授，你这是在我上课的时候打来电话。罗恩就在我身边，但他现在很忙，不能接电话。要我给他带个口信吗？”不用说，课堂上有了这样一次经历之后，这类事情几乎不可能发生第二次。

大多数人都不愿意弄权，但是合适的人在合适的时间这么做，会显得他慷慨大方，或者关心对方。父母有责任保障孩子的安全和健康，教授有责任确保学生学习，经理有责任让参加他主持的会议的团队更具战斗力。有时候这样做意味着提醒别人，“我作为正儿八经的负责人，有权力也有责任告诉你们该做什么”。

开开玩笑

幽默是分等级的。许多笑话是在贬损他人或会令他人难堪。我们不妨看一下推特上经常发生的事情。谩骂中伤他人是一种刻意夸大权力影响的方式，尤其难以对付，因为想骂人就表明你开不起玩笑。在这方面特朗普堪称专家。他给自己所有的政治对手都起了“朗朗上口”的（带有贬损意味的）绰号，并且经常用这些绰号对他们进行口头攻击。特朗普给别人起绰号似乎是在故意贬低他人，但大家也要注意一下他这种只许州官放火、不许百姓点灯的做法对他自己名声造成的影响。羞辱完对方，紧接着又想装作若无其事，这样做会削弱你的影响力。

另一方面，心理学家达彻尔·凯尔特纳研究发现，在某些情况下，取笑甚至谩骂中伤他人掩盖的可能是对他人的尊重与喜爱。有时候，你单独挑出某个人来开玩笑，这表明了一种特殊的身份，就是在告诉大家：“我可以开他的玩笑，因为我们之间关系特殊。”上中学的时候我有一个游泳教练，他经常叫我“大鼻子”（他自己的鼻子也很大），就好像我们俩来自同一个特殊的俱乐部一样。教练的这种做法，一方面有点儿伤害我的感情，但另一方面，我确实发现我的队友有时也希望教练能注意到他们身上的一些特殊之处，希望教练也能开开他们的玩笑。

夸张的称赞

这样的间接恭维几乎就是一种权力游戏，因为对某个人的外表评头论足——无论是肯定还是否定——不仅是在物化对方，还表明你在研究对方。这就是为什么下级不能称赞上级的外表，而上级赞扬下级的外表却是完全可以接受的。我认识的一位高管透露，他的一名员工过去每天都会对他的外表大加赞赏，比如“您最近减肥了吧？”“我喜欢您的发型”。他不明白为什么，就像他说的：“他的话让我脖子上的汗毛都竖起来了。”那位员工的赞赏令他烦恼，因为这暗示有人在时刻盯着自己，熟悉自己的点点滴滴，并且动不动就评价一下，而这些举动无形中削弱了他作为上级的地位。我们在赞美别人的时候，有时是想让对方自我感觉良好，但有很多好方法可以做到这一点。例如可以说“见到您真高兴！”也可以在保持眼神交流的同时（注意：不要死死盯着对方的身体看！）夸赞对方“你看起来棒极了！”但是级别低的人最好不要赞赏级别高的人，除非对方要求你反馈。

越界与冒犯

这名高管对下属奉承自己的本能反应，凸显出一个被广泛接受但在很大程度上没有明说的规则，该规则是这样定义生活中的等级制度的：地位越高的人，越喜欢划定社会界限，界定社会规范。因此，超越界限、违反规范，或者表现得好像你有权做这些事情，都是在刻意夸大权力影响。

这种特殊的社会规范有些微妙，很容易被人忽视，也是造成许多失礼行为的根源。老板问下属周末过得如何是完全可以接受的，但反过来就不大合适了。同样，老板可以邀请下属共进午餐，但如果下属提议就显得有些冒昧。我们可以想象下面这个例子中令人捧腹的一幕：1991 年，诺曼 · 施瓦茨科普夫将军在西点军校发表了一次演讲，演讲过程中请观众提问题。一名学生当场提出想请将军喝杯啤酒，这让施瓦茨科普夫将军感到既惊讶又为难，可能还觉得有些滑稽。现场观众顿时欢呼起来，吹起了口哨。那个学生的邀请实际上就是在刻意夸大自己权力的影响，但在发出邀请的时候，他又表现得非常低调，措辞非常正式，每句话都加上了尊称“先生”这两个字。最后施瓦茨科普夫将军接受了他的邀请。

职位较高的人可以决定工作关系的私人化程度，来自食物链下游的邀请估计不会得到同样的回应。大多数人都明白这个道理。我有一些非常有名的朋友，他们开玩笑说经常自娱自乐，从不出去，因为没有人敢邀请他们做任何事！

当地位较低的人对地位较高的人表现得过于熟悉时，所有人都会感到不舒服，其中的原因是：对地位高的人表现得太熟悉，不仅表示你不清楚自己的位置，也表示你认识不到别人的位置。有时候，地位高的下属也会做出类似的举动，例如，在遭到老板调侃时他们也会调侃对方。但那些没有权力同老板高调互动的同事会因同样的行为招致别人的不满。

权力常常会导致那些身居高位的人随心所欲、不拘小节、我行我素，这一点是地位较低的人做梦也不敢想的。我们以男女拥抱为例：拥抱女下属的男上司以为自己这样做会显得很友好，却没有意识到女下属一方面会觉得自己无权拒绝上司的拥抱，另一方面上司的行为令自己很不舒服。有时这种情况真的会失控。我遇到过一位老板，我们每次在他办公室开会时，他总是悠然自得地用牙线剔牙，从未为此道过歉，甚至没有意识到自己在做什么。美国前总统林登·约翰逊在任时经常一边上厕所一边下达指示。我们曾经设计了一项研究来证明这种倾向，结果发现那些写文章讲述自己在某个时期有权力的大学生，写完文章后其中很多人都认为我们特意放在实验室的风扇（风速过大，直接吹向他们的脸）需要换一下位置，并且他们也确实换了，没有事先征求我们的同意；而那些写文章讲述别人的权力高于自己的大学生，则更多地选择坐在那里忍气吞声。这两组学生都在同一个场景里，但第一组学生表现得随心所欲，自己怎么舒服怎么来。

与大多数规范一样，熟悉性规范也是按等级划分的，在有人违反这些规范之前，它们通常不为人知。在刻意夸大权力影响时，你可以根据自己的需要明确标出身体和社交方面的界限。

不关注对方

关注是权力的主要硬通货之一。我们通常会把更多的注意力用在那些我们认为更重要的人身上。因此，在特定环境中，特定个体获得的关注程度是衡量他们拥有多少权力的可靠指标。因此，夸大权力影响的一种常见方式是拒绝承认对方的存在，或者对他们表现得不太关注。这也是为什么约会迟到、在开会或上课时查看手机会被认为无礼，但相对于级别低的人，级别高的人做出这些行为更容易被接受。可以战略性地使用这些举动，向对方传递这样一种信息：我的时间至关重要。

但要是无意中错用，也可能引火烧身。例如，我以前带的一个研究生，现在是终身教授，也是我的朋友，最近因为我做了一件“很摆架子的”事情而责备我，因为我忘了自己以前见过她的未婚夫。这对她来说是一种侮辱，也让我感觉很糟糕，但说句公道话，我以前在不同场合见过她多位前男友，并不知道现在这位就是她的真命天子。无论是有意还是无意，如果我们表现得好像懒得承认周围人的存在，或者想不起曾经遇到过他们，甚至记不起他们的名字，这在别人看来好像是你在跟他们说：“你不配，不值得我花宝贵的时间来关注你。”

通常情况下，这种事情发生时，就表明你应当在注意力供小于求的情况下，优先考虑分配注意力。所以，老板对一个在办公室门口徘徊的下属视而不见，这并不是失礼，而是他被更紧急的事情分散了注意力。一位公司创始人最近告诉我，他的员工（都在一个开放空间里工作）觉得老板不关心他们，因为他经常关着门躲在自己办公室里面。“你在办公室里做什么？”我问。他对我说：“我在办公室里都快要崩溃了，绞尽脑汁，一心只想保住公司，保证大家能按时领到工资。”

我们也可以有目的地、建设性地采用不关注的态度来控制不良行为。例如，有人建议父母在孩子“作戏”的时候不要回应他们，因为相比于不关注，父母的责骂实际上更像是积极的强化（你越是关注其表演，他们就越来劲儿）。最近，以前的一个学生告诉我，他现在仍然会和当时的同班同学开玩笑，说我当年在课堂上对那种把持课堂讨论、不给其他同学发言机会的学生，总是给予不着边际的随意点评，不大在意他们说了什么，这种不关注的态度还表现得挺明显。有时候，为了保持事情正确的发展方向，你不得不故意无视某些人的存在。

打断别人说话

打断别人说话通常被认为是一种不礼貌的行为，但这种情况经常发生，有时候也可能是偶然。我以前的一位学生成功创办了一家企业，并将它卖了出去。最近，他有些不好意思地跟我讲起一件事：他在向一位企业培训师抱怨自己的团队不够坦率、不愿意发言时，这位培训师立即指出这是他自身的一个习惯造成的——每当团队成员在会议上发言时，他就会打断他们。为此他解释说："我没别的意思，只是当时很兴奋，脑子里一下子涌现出这样那样的想法。"他的本意并不是要恐吓员工，让他们保持沉默，也不是想证明自己的想法比其他任何人的想法都重要，但他给人的感觉就是这样。

领导打断员工讲话、左右对话内容，就会压制员工的声音，让员工觉得自己的观点不被重视，会因说话太多受到惩罚，这样就会造成现场气氛压抑，甚至让员工心理上产生不安全感。但在某些情况下，同样的行为可能产生相反的效果。例如，领导打断团队或群体中话最多的成员，以便让话相对少的员工有发言的机会，此时团队就会从那些本来可能不想发言的人那里受益。这是另一种夸大权力影响的方法，十分有用。

很多人问我被人打断时应当如何维护自己讲话的权力。我想改变他们的观点——维护自己并不是改变权力天平的最佳方法。我们能阻止别人讲话时被打断，会彰显自己强大的权力，我认为这是不可多得的良机。在群体环境中，为了维护自己的利益而滥用权力、刻意夸大权力的影响，效果往往适得其反。但是，为了保护他人的利益而刻意夸大权力的影响几乎肯定对我们有利。你希望把下面哪一位拉入自己的阵营：一个对谁都喋喋不休的人，一个在自己被打断时立刻愤而抗争的人，还是一个能阻止别人打断你的人？

学会说“不”

说“是”很容易，支持他人的努力会使对方快乐；说“不”则要困难很多，需要刻意夸大权力的影响。行使反对、否决、变更或拒绝遵从他人意愿的权力是权威的具体体现，也就是有权告诉他人能做什么、不能做什么。如果你能够负责任地行使权力，那么说“不”的能力是更好使用权力的一个基本方面，对那些位高权重者来说更是如此。这需要让团队专注于最重要的事情，在计划和预算内维持项目运转，并防止成员偏离正轨。只有在掌权者出于对集体不利的个人原因，不加选择地拒绝建议、要求或机会时，说“不”才会成为问题。

对我而言，我必须学会说“不”的艺术，因为我已经从内心接受了作为教授应担负的管理职责。这个角色的权力很小，地位很低，但责任很重：确保学生能够顺利读完课程并顺利毕业，保证我评估他们学业进步的过程是公平的。起初，我不知道这个角色会给我带来怎样的挑战，但后来发现，在我的职权范围之内，我能做的大部分事情就是对要求特殊待遇的学生说“不”。我在这一角色中接触的大多数学生都能做好自己的事情，完成作业，遵守规则，因而我从来没有在课堂外与他们有过接触。但是总有一些学生经常跟我联系，经常提出一些不合理的要求。我学会了用很多“语言”——肢体语言——表达拒绝，比如在听他们讲话的时候保持头部不动，而不是不住地点头，偶尔也会噘嘴；我会控制电子邮件的回复节奏，确保我有足够的时间去考虑他们的要求及其合理性，这意味着我的回复速度不是很快。有时候有必要让人知道，他们眼中的紧急情况对我来说并不紧急。我已经学会了在回答问题时尽量少说话，避免节外生枝，不让他们感到有回旋余地。我也学会了直言不讳地告诉他们，他们的要求对其他同学来说是不公平的。总之，有很多说“不”的好方法。

必须刻意夸大权力影响的情况

刻意夸大权力影响同赢得比赛是不一样的。夸大权力影响是不是社交成功之道，取决于当时的背景：环境、目标、与你打交道的人，以及最重要的——你到底拥有多大权力。在这本书的后面章节中，我们将详细阐述行动的方式和时机。但目前，我们只能说，夸大（或淡化）权力影响是一种习得行为，有些人比其他人做起来更专业。你们中有些人可能会问自己，“我为什么要这么做？”你应该要学会夸大权力影响，因为有时候别人需要你这样做来保护他们的利益。一些人也可能会问自己，“我为什么要做其他的事情”？道理是一样的。当你能够夸大或淡化权力的影响，让你最关心的人感到更有安全感时，相比于按兵不动，你会更有可能成功，因为你会觉得这样做事很自然或很真实。

大多数人在大多数情况下想要的东西都一样：想要给别人留下深刻的印象，赢得别人的尊重，但又不想吓到别人或表现得高人一等。这一点千真万确，不管你身处哪个社会等级。无论你在与同事竞争职位，还是身处上级或下级工作岗位，刻意夸大或淡化权力影响的技巧都是平衡权力所需的手段。这就像是站在跷跷板上，或者站在哈佛大学心理学家 J. 理查德·哈克曼所说的“权力平衡木”上，你必须知道如何控制身体平衡，或者要配合对方的动作，以免掉下来。

刻意夸大权力影响似乎带有敌意，但要记住，在很多群体中，夸大权力影响是你能做的最大公无私的事。在所有团队中，我们都需要有人能挺身而出，为大家指明行动方向，掌控全局。有人已经准备好让事情朝正确的方向发展，并且停止了不良行为，这会让每个人很快都放松下来，专注做好手头的任务。

作为负责人，你必须主动扮演这个角色，必须让人们知道，你明白其中的利害关系。没有人想成为浑蛋。但是，为了善待那些依赖我们的人，我们都必须学会如何以及何时以一种舍我其谁的方式使用权力。

作为下属，夸大权力的影响也可以发挥作用，但风险更大。为了支持上司，有时你必须看清现实。有时上司会犯错，有时他们会越界，有时他们会冒不必要的风险，有时你必须让他们知道，如果他们不能改变对待你的方式，你就会想要离开。作为下属，你一定要意识到你有权保护自己，保护他人，帮助你的上司规避权力带来的风险。关键是要事先建立起信任，表现出你清楚自己的位置，并让人明白你是在考虑其他各方的利益。

在同等地位的人当中，毫无疑问，夸大权力影响是获得地位和权力的有效途径。对各种社会等级的研究表明，支配力是预测谁能最先、最快进入有影响力位置的最有效因素之一。例如，卡梅隆·安德森、唐·摩尔以及他们在加州大学伯克利分校的同事进行了一项研究，发现同等地位的人在回答一组问题时，表现得过于自信的那些人比表现得中规中矩的人更容易赢得地位。并且到了后来，即使团队成员知道他们最尊敬的那些队友回答错误，这些表现得过于自信的成员的地位也不会受到损害。这项研究表明，过度自信并不像我们想象的那么危险。我们大都敬佩那些甘冒个人风险推动团队前进的人。

因此我们认为，刻意夸大权力影响是赢得地位竞赛的一种方式，但并不总是最好的方式。当团队处于危机之中，需要更强大的力量来掌控局面时，强势专断、敢为人先地使用权力比庸庸碌碌、甘居人后的做法更受欢迎，也更受推崇。此外，研究表明，如果掌权者利用支配、控制甚至攻击性手段来帮助权力较小的人，或者甘愿牺牲自我、造福整个群体，那么他们就会被认为既有能力又有担当。这两种品质构成了信任判断的基础。因此，我们可以得出这样一条经验法则：在团队需要的时候，刻意夸大权力影响很可能是使用权力的一种有效方法。

第 3 章

刻意淡化权力影响

在等级森严的社会中，刻意夸大或刻意淡化权力影响的能力都是有用的，甚至是必要的。但大多数人常常只依赖其中一种方法。一些人似乎注定要担当主角，而另一些人似乎注定要扮演配角；一些人擅长进攻，而另一些人擅长防守；一些人天生让人感觉恐怖，而另一些人天生让人放松。有些特质无疑是与生俱来的，但不能全部归结为先天因素。刻意夸大或刻意淡化权力影响是后天习得的行为技能，我们可以熟练掌握这些技能，但也可能掌握不了，这取决于我们是什么样的人，以及我们在个人生活中学到的满足需求、获得成功的方法。

红杉资本是美国最大的风险投资公司之一。据估计，红杉资本投资的公司目前总市值为 1.4 万亿美元，占纳斯达克总市值的 22%，其中包括苹果、谷歌、PayPal、Oracle（甲骨文）、YouTube（美国一个视频网站）、Instagram（照片墙）以及雅虎等。红杉以其实力和声望闻名于世。对创业者来说，与红杉资本会面既是梦想，也是噩梦。一方面，赢得红杉资本的支持是一件值得骄傲的事情；但另一方面，要想打动满满一屋子红杉资本的合伙人，实在是令人望而生畏，一些公司的创始人甚至都不敢接近他们。

在风险投资领域，红杉资本的合伙人以其敏锐的头脑和杀手般的本能名满天下。1972 年，唐纳德·瓦伦丁创办了红杉资本投资公司。目前，这家公司的美国业务由南非前外交部部长的儿子鲁洛夫·博塔负责管理。此人聪明绝顶。他毕业于开普敦大学，获得了他所修课程有史以来最高的平均学分绩点，还是在斯坦福大学商学院研究生毕业典礼上致辞的优秀毕业生。博塔为人和善，身体强壮，身形魁梧，总是面带微笑。但千万别被他的外表所迷惑，因为他会把你自以为最有力的论点批驳得体无完肤。

博塔加入红杉资本之后一路高歌猛进，于 2017 年被任命为该公司美国业务的负责人。当时，红杉在全球已享有盛誉，其内部却也在努力适应周围不断变化的世界。例如，当时在美国有十几个红杉资本合伙人，但没有一个是女性。

博塔知道必须改变这种情况。他解释说："我们在工作中面临的挑战是，我们一直是从投资组合公司中招募投资合伙人。从这些公司里招人比较容易，因为有现成的人脉网络，对这些人的了解比较充分，他们也比较了解我们。但问题是，他们的处事方式和思维方式往往与我们非常相似。”

摆脱原来的人脉网络需要付出一些努力，但博塔明白，多元化的视角对公司的成功至关重要，并且他们将从中受益。2013年，博塔与红杉资本合伙人林君睿出席了高盛投资公司召开的一次大会。在他参加的一次分组讨论会上，初创公司Polyvore年轻的女性首席执行官杰西·李向潜在投资人推销自己的公司。Polyvore是一个数字化设计平台。博塔说：“她给我留下了深刻的印象，所以我会后找到她，想请她吃午饭。”

杰西·李回忆说，博塔最初向她做自我介绍时，她欣喜若狂。她说：“我以为红杉投资对我的公司感兴趣，以为他们想投资。”当得知他们想要说服她离开Polyvore转投红杉资本工作时，她非常失望。她说：“当时我并不想做投资人，我对这个角色丝毫没有兴趣。”

博塔铩羽而归，但他没有放弃。两年后，Polyvore被卖给了雅虎公司，杰西·李接到了一个电话。她回忆道：“这次他们请我到他们办公室来看看。我去了沙丘路（红杉资本所在地），见到了他们的团队，参加了一些推广大会，最后我意识到他们这是在面试我。”他们试图向杰西伸出橄榄枝，但她出于对雅虎团队的忠诚拒绝了他们。这让他们感到很惊讶：谁会拒绝他们提供的工作呢？尽管如此，红杉资本合伙人还是决心要把杰西·李争取过来。但他们不得不接受一个事实，那就是他们惯常的方法不起作用。

博塔说，这是一段漫长的“求爱”过程。他们不再像往常那样用丰盛的晚餐拉拢关系，而是拿出时间观察杰西·李，试图弄清她是什么样的人，喜欢什么。博塔说：“我们想让她知道，我们愿意适应她，愿意与她保持联系，我们了解到她这个人比较实际，开着一辆旧车，非常喜欢角色扮演她喜欢的漫画人物。吉姆（博塔上任前，红杉资本美国业务负责人）提议，‘我们打扮成漫画人物，在咖啡店里向她发出邀请’。于是周末我们分头行动，都去服装店买衣服。我先是试穿了一下动画片《摩登原始人》中的一套服装，但感觉不太适合，自己手里拿着一根大棒，袒胸露背，张牙舞爪，这也太粗野了。于是我又试穿了一下《玩具总动员》里胡迪的服装……吉姆在他去的那家服装店里找到了巴斯光年的服装。我们两个发信息交流，他还给我们找了两个与角色搭配的带有摇头玩偶的帽子。”

他们穿的可不是旧戏服。当今世界最炙手可热的两位风险投资人一起现身，为了招募一位合伙人，竟然把自己打扮成了皮克斯动画工作室塑造过的最愚蠢、最可爱、最忠诚的两个卡通人物。远不止如此。他们请来红杉资本的设计主管詹姆斯·巴克豪斯，要他帮忙想出一种别出心裁的方式来传递公司方面的邀请。巴克豪斯说：“我们制作一张通缉告示吧，采用西部牛仔的那种风格。”他的设计完美演绎了《玩具总动员 2》中杰西这个角色。影片中的杰西加入了行侠仗义、助人为乐的团队，而令人难以置信的是，角色的名字竟然与公司煞费苦心要纳入麾下的候选人的名字相同（两人都叫杰西）。通缉告示底部印着一行文字："你愿意加入我们的新冒险吗？"

他们邀请杰西·李在洛斯阿尔托斯市的一家皮特咖啡店见面。博塔说："她无论如何都想不到会发生什么，我们就是要让她措手不及。"他们点好饮料，在桌旁坐下，戴上有摇头玩偶的帽子等她。

这一次，杰西·李选择的余地比较大，因为雅虎发生了改变，她在重新考虑自己的选择。走进咖啡店，杰西·李扫视了一下房间，寻找那两位风险投资人。在她的印象里，这两个人应当穿着典型的北加州高级休闲职业装。但她找了一圈，并没有发现相符的人，只有两个打扮得像胡迪和巴斯光年一样的傻瓜坐在桌旁。看到这两个人的时候，杰西·李的第一反应就是偷偷拿出手机拍张照片发到 Snapchat（色拉布）上，并配上 3 个大字"什么鬼"。但是当她再次看向这两个人的时候，他们摘下帽子，举起了通缉告示。杰西·李回忆说："我当时一下子就忍不住了，放声大笑。"然后她径直走了过去，脱口而出："我愿意！"后来她才问起自己的报酬问题。

杰西·李回忆说："我被震住了，我意识到这意味着他们想要和我一起工作，愿意接受真实的我，愿意接受我古怪的爱好。同他们一起工作肯定非常有趣，这肯定是一个超棒的团队。在那一刻，我像是突然被什么东西击中了一样，知道自己一定会同这些人建立起真正的关系。所有这一切都让我感到很特别。”

不用说，博塔和他的同事所做的这一切非同寻常，但十分巧妙，而且颇具战略眼光，可能有点儿冒险，但实际没有任何风险。他们找到了一种打动杰西·李的方法，没有让她感到有丝毫压力，同时让她知道他们真正理解她的为人，他们重视并尊重她的不同。他们没有滥用权力、施加压力——没有提供丰厚的待遇，没有炫耀公司的财力，没有试图展示他们有多优秀，而是放低姿态，自降身价。这样做很可笑吗？也许吧。这样做值得吗？绝对值得。他们这样做没有任何损失，却赢得了杰西·李的信任，因为这种做法表明，他们会确保杰西安心加入这个团队，并且这种举动也在公司内部树立了一个榜样：为了实现投资人身份多元化这一目标，他们可以不惜任何代价。

在那次会面之前，这些超级成功的风险投资人已经把他们能做的一切都做到了极致：不费吹灰之力宣传自己的实力，夸大权力的影响并展示给世人。事实上，这一切都是水到渠成的。所谓夸大权力的影响，指的是有意或无意地做一些事情来抬高自己，让自己脱颖而出，维护自己的控制权并赢得别人的尊重，让别人意识到你有多特别，而不是试图隐藏自己。这是一种使用权力的方法，至少在一定程度上依赖于胁迫和恐吓，因为夸大权力影响的做法表明你是一个想要获胜的竞争者。我们通常会把这种行事风格同有权势的人联系在一起。但红杉资本这个故事清楚地表明，在正确使用权力方面，淡化权力的影响也可以是取胜之道。

红杉资本的这些家伙经过缜密的计划，决定有意识地淡化权力影响，尽量突出公司的发展前景，低调行事。淡化权力的影响并不表示软弱，而是表明自己足够强大，十分有把握，可以承担个人风险，将他人利益置于自己的利益之上。在淡化权力影响的时候，我们会做一些事情来表示尊敬、体贴和尊重，不会颐指气使，从而会解除对方的防备。淡化权力影响就是试图与他人建立联系，将他人拉入自己的圈子。同刻意夸大权力影响一样，淡化权力也是一种刻意行为，其目的是让我们看起来不那么咄咄逼人，不那么志在必得，不那么冷酷无情。但这并不意味着淡化权力的影响是虚情假意。淡化权力的影响，表明我们更在意的是与他人同甘共苦，而不是高高在上搞特殊；我们更在意的是与他人建立联系，而不是控制他人。淡化权力的影响不是放弃权力，而是认为要想赢得一场特殊的战斗（在红杉资本的例子中，这场战斗就是要把那位心仪的人才招到自己公司来），昔日高高在上、养尊处优的高层人物可能需要放低姿态。

人们通常认为，有权力的人总是夸大他们的权力影响，因为他们可以这样做；而没有权力的人总是淡化他们的权力影响，因为他们不得不这样做。但事实上，我们不能想当然。人们还认为，夸大权力影响的做法总是带有敌意，企图恐吓或威胁他人。有时候情况的确如此。但是，夸大权力影响也是照顾需要保护的人的一种方式。同样，尽管淡化权力影响通常被视为试图安抚或放弃责任，但也可以是一种表达尊重、建立信任以及让他人感到安全的方式。

夸大权力影响或淡化权力影响并不仅仅是单个演员的选择或风格，它们总是对话的一部分，就像一场舞蹈或击剑比赛，每一个动作都是对之前发生的动作的反应。两个演员都在表演力量的时候，看起来就像一场比赛，你可以感受到火花。两个演员都在夸大权力影响的时候，看起来就像一场竞赛，你能体会到火星撞地球的感觉。两个演员都在淡化权力影响的时候，那看起来就像陷入了僵局，因为当两个人都坚持要迁就对方时，行动就会慢慢停下来。过去那部连载漫画《阿方斯和加斯顿》（*Alphonse and Gaston*）就是以淡化权力影响为基础的，其中的两个丑角一心想要迁就对方，总是互相推让："您先走！""不，还是您先走！""不，一定要您先走！"当双方都坚持让对方先走时，两个人谁也甭想前进一步了。

夸大权力影响或淡化权力影响的能力是一项重要的社交技能，而且，如果能在适当的时间、适当的场合谨慎使用这两种方法，那就一定能团结对方，彼此达成一致，围绕一个共同的目标而努力。

淡化权力影响的作用同夸大权力影响的作用一样，但目的不同。如果说夸大权力影响是一种展示权威的方式，那么淡化权力影响则是一种展示亲和力的方式。如果说夸大权力影响表明你愿意为他人而战，那么淡化权力影响则表明你愿意为团队而战。淡化权力影响可能会有风险，许多人担心这会让他们看起来很软弱。但淡化权力影响并不一定意味着放弃控制权，它也可能是力量的象征。淡化权力影响是一种平衡控制和联系的方式，它在提醒别人你能够把他们放在第一位，而且你可能需要他们的回报。淡化权力影响时，我们都会让其他人知道，我们愿意牺牲个人的声望，以增大集体利益。这也就允许其他人也这样做。

我在这里说的不是表面上装作关心别人的利益，但其实不关心。我这里说的是将权力的天平向他人倾斜，以此来表示关爱。这可以通过降低自己相对于他人的地位来实现，比如道歉、自嘲、默默无闻、允许他人为你做决定，或者表现出你不配拥有那样的地位、不配得到尊重等。但它也可以通过提升他人相对于自己的地位来实现，比如尊敬对方，倾听他们的意见，同意他们的观点，或者试图预测他们的需求，公开或暗地里支持他们追求自己的目标等。

基思 · 约翰斯通将这些行为称为“低调行事”。约翰斯通强调了我们经常在无意识中试图避免激怒他人的一些方式。在生活中，我们经常不自觉地做这些事情（高调行事也是如此）。但在舞台上，演员们选择做这些事情是为了体现某个角色面临的现实。演员表演低声下气时，会故意加快语速但又吞吞吐吐，有时会结结巴巴，用“嗯嗯啊啊”以及其他表达不确定、带有试探性和自我怀疑的词语。低调行事给人的印象通常是寡言少语，因为高调行事的表现往往是口若悬河。但是在说话的时候，与高调行事相比，低调行事会用更多的词汇，发出更多的声音，但所用时间较短。演员们在低调表演时尽量不会沉默，而是会絮絮叨叨说个不停，以避免让任何人打断他们讲话。演员们在低调表演时声音会越来越小，或者快说完时提高声调，就好像是在提问题，邀请别人来回答。在低调行事时，我们的声调会更高，音调会更急促、更尖锐或更紧张。我们有时也会突然提高嗓门大喊大叫，这有点儿出乎意料，因为失去控制表示我们恐惧、沮丧以及心生戒备，表明我们感觉自己失去了优势。

演员在低调表演时，往往会先中断眼神交流，环顾四周，目光游移不定，说话时眼神飘忽。但是当有人跟他讲话时，他会目不转睛地盯着对方，生怕漏掉任何信息。

演员们在表演低声下气的时候也比在表演趾高气扬的时候笑得更多，这并不是因为低声下气的生活更美好。事实上，他们是带着歉意在微笑，以确保其他人不会感到不舒服。这种微笑看起来是受强迫的、无力的、僵硬的。奥斯卡·王尔德曾形容这种微笑是“绥靖的象征”。对笑声的科学研究表明，咯咯笑也是一种顺从的行为。咯咯笑就像有意控制的微笑一样，是为了确保别人没有被冒犯，也是为了让别人不必太在意咯咯笑的人。微笑和咯咯笑的时候，人们通常会眉毛上扬、点头、身体前倾、抬头睁大眼睛盯着对方，一副天真无邪的样子。演员在低调表演时身体动作常常飘忽不定，整个人显得迟疑、犹豫、三心二意、精力不集中——所有这些行为都表示当事人对他人不构成威胁。

如果说高调表演意味着占用空间和试图扩大个人的身体所占空间，那低调表演则意味着试图隐藏，收缩自己的身体，或者干脆销声匿迹。演员在低调表演时，动作快，脚步轻，步子小（大家可以想象一下艺伎的动作），好像在努力隐藏自己。低调表演是在用身体表达困惑、缺乏方向和自我怀疑，就好像在为自己的存在道歉一样。演员在低调表演时，会从身体上保护自己免受生理和心理上的威胁，表现出不自在的感觉，比如整理衣服，触摸脸和头发，显得烦躁。这些都是补偿性的习惯，完全能控制住，只不过比较困难。

高调表演表现得强硬坚定，显示出统治力；而低调表演则是制造和暴露身体上的弱点，希望能看上去不具威胁性。约翰斯通说，演员在低调表演时传递出来的信息是："请不要咬我，我不值得你这样做。"

退让

虽然与低调表演相关的行为经常在没有意识的情况下显现出来，但它们却是战略性的，和高调表演一样。淡化权力影响的低调表演是有原因的。大多数动物（包括我们人类）在社会活动中都不喜欢打斗。这是一种极佳的生存本能。如果对方露出獠牙，试图恐吓你后退，那么更稳妥的战略反应可能是退让。这是俯首听命的一种表现，就像动物在打不过对方的情况下会转身离去一样，这样一来对方就没有攻击的理由了。

动物行为学家有时会互换着使用“顺从”和“让步”这两个词，用以描述动物试图表明自己不构成威胁，并且愿意在争夺稀缺资源的竞争中让步。人类也是如此，顺从和让步表明不存在威胁，表明自己很软弱，愿意将他人利益置于首位。有必要再说一遍：这并不表明顺从的那个动物没有力量，而是表明在那种情况下，那个动物不打算使用它拥有的力量。简而言之，这就是淡化权力影响。

我们在思考强大意味着什么时，脑海中不会出现“低调”这个词。但是，世界上真正的掌权者在很多时候都在淡化自己的权力影响，部分原因是他们知道这种做法有很多好处。人们会藐视等级地位高于自己的人，但可能也想得到他们拥有的优势。真正有权势的人往往会自觉地保持低调。

自嘲式幽默

取笑别人是试图抬高自己、贬低他人的一种方式，而拿自己开玩笑则是试图先发制人，贬低自己的一种方式。我们时不时都会拿自己开玩笑，或者自我嘲讽一番。有些人会说，女性尤其善于开自己的玩笑。艾米·舒默在这个话题上的恶作剧完美地突出了女性的这一特点。比如，两个人对话——“艾米，我喜欢你的帽子！”其中一个女人说。“你这是喝醉了说醉话吧？”被恭维的女人回答道，“我看起来像个亚美尼亚男人!”再比如这样的对话——“恭喜你升职了！”有人这样祝贺道。被祝贺的女人可能会回应说：“这有什么可祝贺的，可能两秒钟之后我就被炒鱿鱼了。”听起来有点儿夸张？也许吧。但有趣的是，这样的对话屡见不鲜。自嘲式幽默是一种典型的淡化权力影响的方法，尤其是那些不习惯接受别人赞美和恭维的女性有时会使用这种方法。女性（在很多情况下她们的地位和权力低于男性）在社会上一直以来就是想得到他人的认可，而通常情况下，实现这一目标最简单的方法就是凸显我们女性身上所有的缺点，并一定要让别人知道我们不认为自己有哪一方面比他们好。许多女人（也包括男人）使用自嘲式幽默，格外受人欢迎，因为同她们在一起时，其他人总是自我感觉良好。但这种现象恰恰说明了问题所在：如果每个人都在不断地贬损自己，这种交流就无法获得继续下去的动力，就没有机会坦诚相待，很难做成任何事情，而最终，没有人能真正得到提高。

别人表扬你取得的某项成就时，感到不好意思是可以理解的，想要表现得谦虚一点儿也很正常。但是，如果你的目的是让别人对他们自己的感觉更好一些，那么接受别人的赞美要比顾左右而言他好得多。如果你给别人留下了深刻的印象，但你认为他们对你的看法是错误的，那他们的判断又说明了什么呢？有时候，最好的做法就是说声“谢谢”，然后把话题转到更重要的事情上。

寻求他人的帮助

向别人寻求帮助是一种表达尊重的好方法，同时也能抬高对方的地位。我知道有人把这种方法当成一种谈判策略：他的本意是向老板提出要求，但把这一要求表述为他试图解决的问题。例如，他会这样说：“有家机构想把我招过去，不过我很想留在咱们公司，您能帮我直截了当地拒绝他们的邀请吗？”这会让他的老板自我感觉良好，同时也会满足他的要求（前提是老板希望他留下来）。

我们通常不愿意寻求帮助，认为会打扰到别人，但我在斯坦福大学的同事弗兰克·弗林的研究表明，总体而言，大多数人都愿意在力所能及的时候伸出援手。没有人喜欢被别人当成傻瓜，应邀帮助他人会自我感觉像个英雄。知道有人需要我们，我们都会很开心，也会很高兴我们有能力改变别人的生活。

某个有权势的人寻求帮助或承认自己存在弱点，这实际上可以成为他的力量的源泉。星巴克前首席执行官霍华德·舒尔茨（他被认为创建了现代史上最成功的品牌之一）在接受《纽约时报》采访时对记者亚当·布莱恩特说："我想说的是，优秀的领导者以及杰出的公司总裁的一个潜在优势，是在适当的时候（不能一直这样，得在合适的时候）让人看到你的弱点，因为那样会拉近你和别人的距离，让他们看到你人性的一面。"在拥有权力的时候寻求帮助可以拉近你与别人的关系，邀请他们与你站在同一立场上。

不要越界

另一种淡化权力影响的方式是允许他人划定社交界限。我们每个人都在一个私人空间内活动，这个空间确定了公共领域和私人领域之间的界限。在大多数情况下，私人空间的大小与社会地位相对应，地位越高，拥有的私人空间就越大，与他人之间的距离就越远。这就是职位高的员工和职位低的员工在一个办公空间内通常会聚在不同区域的原因之一。开会时，你的地位越低，离大老板（或者会议主席）的距离就越远。这是对上级的尊重，他们有权拥有自己的私人空间，有权决定自己的圈子。因此，与会议桌旁最高级别的人保持安全距离是一种信号，表明我们对自己有着清醒的认识，既没有高估自己，也没有低估自己。

尊重他人的界限，无论是身体上的还是社交上的，都是一种淡化权力影响的方式，表明对方有权决定是否想要进一步接近你。对于地位高的人来说，让别人来决定更舒服的距离是抬高对方、放低自己的一种方式。它传递出来的信号是："你制定规则，我遵守规则。"

寻求认同

需要被认同是人类的一种基本动机，我们都希望别人喜欢我们，正面评价我们。寻求认同，其实是在淡化权力影响。有些人在采取行动之前会先征求别人的同意，也有一些人喜欢先行动后道歉。不管采用哪种方法，寻求许可和道歉都是表示让步的行为，都是在邀请其他人来评判和引导我们。道歉其实是承认道歉的对象需要一个解释。

仅仅基于地位就愿意给予某人超出他应得的控制权，是淡化权力影响的一种有效方式。而无论对方的地位如何，承认他们的认同很重要，以此向他们表示尊重，这种能力非常重要，是让等级关系顺畅运行的极佳方法。

合作思维

同意、服从、尊重他人的意愿都表明，我们愿意让别人的利益高于我们自己的利益。在与地位比我们高的人打交道时，我们都更有可能这样做，也应该这样做，因为这是最典型的等级规范之一，遵从他人的愿望表明我们清楚自己的位置。

但是，有些人把这个策略用得太过了，不管在什么场合他们都点头称是，即使这样做并不符合任何人的利益。没有人会因为表现得唯唯诺诺而获得地位。所谓的唯唯诺诺指的是无论老板错得多么离谱，当事人都一味地同意老板的意见。此外，我们内心不同意但表面上同意某人，或者内心不打算做某事却口头同意，这也是错误的。这不是行动，而是说谎。说一套做一套，就会腐蚀我们的诚信，破坏信任。这就表明保险起见，我们更在乎的是我们自己的利益，不会在乎对方的需求，不愿意实话实说。

许多人仅仅因为想要讨好别人，也会在不应顺从对方的时候顺从对方。那些不断淡化自己的权力影响、试图表现得像普通团队成员一样的领导者，在形势需要时，很难重新回到领导者的角色。2003 年，戴维·麦克利兰和戴维·伯纳姆在《哈佛商业评论》上发表了一篇文章，报告说，那些过于担心别人是否喜欢自己的管理者——具有讽刺意味的是——是不受欢迎的，因为他们创造的工作环境混乱无序。而且，他们还想做到八面玲珑，为了保持自己的形象，不惜为那些难以相处的下属放宽要求。在员工眼里，这样的管理者变化无常，难以预测。

2019 年，我与大约 100 名初创企业创始人一起参加了一次会议，他们得到了风投资金，从有着不错创业想法的伙伴转变为负责管理数百名员工的领导者。会议期间我遇到的人当中，有些人担心自己得不到足够的尊重，担心自己太温和、不够霸道，还有些人担心在管理时发号施令会让自己看起来像个浑蛋。我告诉这些人，我对他们的期望是，他们在工作中所做的一切对他们来说十分重要，是否有人喜欢无关紧要。如果你真的很在乎别人的态度，而且表现得很明显——夺取权力或放弃权力，考虑到你当时面临的挑战，这些行为对公司来说是有意义的——那么其他事情自然会迎刃而解。

必须刻意淡化权力影响的情况

多年前，我参加了朋友举办的一次晚宴。我们两家的孩子上的是同一所幼儿园，我们有共同的兴趣。当时，我正在与人合作，指导一项针对女性领导者的高管教育计划，而那位朋友就是一位颇有成就的高管，工作之余，正在写一本关于双职工家庭的书。她嫁给了斯坦福大学的一位校友，夫妇二人决定为斯坦福商学院的几位女校友、她认识的教员和熟人举办一个小型晚宴，讨论女性的领导力。那是一个非正式的小型活动。我在品尝蔬菜沙拉时，一名年轻女性热情地向我走来，她先做了自我介绍，然后说有人建议她与我见上一面。她很想知道我对女性领导者面临的挑战的看法。她说她在谷歌上班，心中有很多问题，问我是否可以坐下来讨论。交谈之后，我发现她是一个超棒的伙伴：热情、活泼、开放，她热切地吸收着我提供的信息，并积极分享她的个人见解、观察和经历。晚宴结束后，我们互相道别。

“对不起，”我问她，“你叫什么名字？”

“谢丽尔·桑德伯格。”她回答道。我喜欢她，所以想要记住她的名字。聊天的时候我还不知道她是谁。

从那之后，作为励媄（Lean In）顾问委员会的一员，我逐渐对她有了深刻的了解。无论从哪个方面来说，谢丽尔都是颇具影响力的人物，她的名字出现在许多榜单上。她很有名，当然，也很有钱。身为世界上最强大的公司之一 Facebook（脸书）的首席运营官，她的工作非常艰巨，而且越来越有挑战性——她负责管理这个岗位职责带来的一切好坏。

但是谢丽尔的个人能力——这种能力是她迄今为止取得如此成就的根本原因，与她扮演的任何一个职业角色关系不大，与她处理人际交往的方式关系更紧密。谢丽尔·桑德伯格才华横溢，工作极其努力，而且做事异常专注。尽管 Facebook 目前面临着挑战，我还是认为她可能是我见过的最有爱心的人。谢丽尔热情、友好、颇具亲和力，她也很了解自己的这些特点。但更重要的是，她总是认真对待她给别人的承诺。她希望能帮助别人，希望能够改善别人的生活，希望自己能有所用。这一点在她处理人际关系时体现得淋漓尽致：自我介绍；提供见解和建议；推荐求职者、提拔员工和推荐董事会成员；为下属负责；建立社群来推进她关心的事业。

谈到权力及其来源时，谢丽尔发自肺腑地感叹："现在还有人认为权力就是支配与控制吗？"谢丽尔的权力不是来自操纵或控制，也不是来自施加压力。相反，它源于其他人希望能与她保持联系的真诚愿望，以及想要回报她关爱行为的愿望。

淡化权力影响是低调行事的表现，但其影响可能很大。它是我们建立联系、建立信任，让别人在我们面前感觉到安全的方法。提到有力量的行动，我们可能不会想到尊重，但即使在竞争异常激烈的21世纪，表现出尊重也是一种常见的、可行的甚至是非常成功的使用权力的方式，而且往往能带来更多的收获。仔细想想，其中道理似乎显而易见。为了在等级社会中向上攀登，你首先要尊敬别人。正如我认识的一位高管所说："尊重他人是你赢得领导权的方式。"

对同辈群体的研究也证实了这一点。在一项研究中，心理学家乔伊·程和她的同事让几组学生完成一项团体决策练习，然后再对各组逐一评分，看一看他们各自的影响力有多大。每个团队成员还会收到来自队友和外部观察员对其各种行为的评价。这些行为包括控制他人、倾听、分享专业知识和维护自己的立场。控制他人是评分的一个指标，研究人员将其定义为"使用武力和恐吓来引起恐惧"。同预期的一样，依据控制他人这个指标，预测出了小组成员的地位和影响力。但研究人员也发现了另一种取得同样成功的方法——声望。声望被定义为

“分享专业知识或专业技能以获得尊重”，那些坚定自信、积极热心的学生有这个特质，但他们并没有与人争辩或试图强迫别人接受他们的观点，而是注意聆听，及时回应，说话更具试探性，并根据需要提出自己的想法。事实证明，这种更恭敬的参与方式与控制他人一样，也可以依次预测出小组成员的地位、权力和影响力。不同之处在于，在实验结束时，声望高的学生既受人喜欢，也受人尊敬。他们被认为具有特殊能力，做出了巨大贡献，更有可能成功。换句话说，试图控制他人的学生获得了权力，但也付出了代价。

我们从这个实验中得到的教训是：在一群同龄人中，如果你试图争夺地位和影响力，那么成功之道不止一条。你可以夸大权力影响，让别人害怕你，也可以淡化权力影响，让别人喜欢你。不管采取哪种方式，如果你的方法增加了价值——因为你知道一些事情，并且愿意承担风险去分享它们——那你最终都会获得权力。

事实上，许多人都认为，淡化权力影响是管理团队更好的方法。负责人与有经验的团队一起工作，需要更多的信息，需要团队成员支持有效的实施方案，淡化权力影响的好处肯定会超过需要付出的代价。那种高压式控制团队的权力使用方法依赖于团队其他成员的畏惧心理，只有当管理者洞悉一切并能完全信任那些执行任务的成员时，这种方法才会带来比较理想的结果。此外，要是老板在旁边监督，这种专制的管理方式可以提高工作效率；但老板要是不在场，尊重他人的民主管理方式不但可以提高员工的工作效率，而且可以提高其创造力、学习能力和责任感。管理专家称这种风格为“参与式领导”，其特点是让下属参与决策过程，利用他们的知识，发挥他们的专长（不一定放弃控制权），关注他们的长处和兴趣，有时甚至需要打破级别限制，让级别较低的员工负责更高级别的战略。参与式领导是淡化权力影响的表现，其做法是提高下属地位，赋予他们选择行动方案的权力，而不是试图控制结果及其实现方式。施行参与式领导，领导者会降低自己的身份，说话少、提问多，讲话更具试探性。换句话说，参与式领导依靠的是淡化权力的影响。

尽管在遭遇危机时人们倾向于具有权威的政治领袖，但在其他任何时候，参与式领导风格实际上更受欢迎。例如，语言学家阿里·德克特-弗雷恩和杰里米·A.弗里梅最近的一项研究发现，当政客们“使用试探性语言，不但表达积极情绪，也表达焦虑情绪，并使用人性化的语言”时，公众对国会的认可度最高。研究人员认为，在这种情况下，试图预测影响力时，温情比能力更重要。与这些观察结果相一致的是，耶鲁大学的维克托·弗罗姆发现，尽管大多数管理者总体来说更多地依赖于权威而非其他方法，但在很多情况下，更深入地参与团队，效果会更好。研究还发现，即便那些自认为是参与式领导风格的管理者，也没有做到尽可能有效地淡化自己的权力影响。下属眼中的老板总是比老板眼中的自己更威严。

简而言之，尽管大多数管理者都担心采用哪种方式能更有效地夸大他们的权力影响，但他们可能从掌握淡化权力影响的艺术中获益更多。其中的道理并不难懂，但当我们担心自己能掌握多少权力时，就很难将其放下。

我们都希望被认真对待，但这其实并不重要。我之前的一个学生曾经领导过一个大型国际支援组织，她解释了其中的原因。她在该组织的美国总部工作，负责管理全球各地的团队。其中一个团队在印度，那里的企业往往比美国的更加等级森严，她花了较长时间来适应她的印度下属对她的尊重程度。她说："我在结束会议时，常常觉得团队成员没有充分分享他们的想法，他们只是试图与我达成一致，没有说出他们真实的想法。"

她认为改善这种关系最有效的方法是消除她和团队成员之间的距离，所以她前往位于印度的分公司，目的就是改善彼此之间的关系。她与团队每个成员单独见面，但见面时不会谈论工作，而是试图了解他们每个人，并帮助他们了解她自己。她不在自己的办公桌前吃午饭，而是每天和团队一起吃。尽管她还在倒时差，但每天晚上都会和团队一起出去吃饭。她说："我甚至和团队一起去玩激光枪战游戏，这让他们觉得我没那么威严，因为我玩得实在是太烂了。"

这种做法果然有效。她回忆道，通过有意淡化自己的权力影响，“我能够在与他们互动时让他们感到舒服自在，让他们能够对我直言不讳，这样一来我们这个团队就能够更有效地运作”。

巧实力

大多数时候，你都会顺其自然，而且会做得很好。你一生都是这样过来的。但你也可以变得更有意识、更有目的性，可以思考一下在既有方法行不通或者面对新挑战时，如何更好地发挥你的作用。

经常有人问我如何在身份不明确的时候给人留下良好的第一印象。我认为值得借鉴的一个经验法则（尤其是在面对新形势时）是，一定要注意对手的出发点，然后充分夸大权力的影响，让对方认真对待你。同时在必要的时候淡化权力的影响，避免造成威胁。此时此刻需要记住的关键一点是：权力（至少是那种能够持久的权力）源自为团队利益最大化而努力工作，也就是说能推进共同的目标，增进共同的利益，即使这样做可能会有风险，可能显得不够真诚。有时，这需要我们在不确定自己是否有资格的情况下挺身而出，担起责任。而有时，这需要我们退一步，让其他人来负责。

你不可能每次都做对，但关键是要去尝试。这样做的时候，你的上司会感受到你的支持，你的下属会感觉到你在保护他们，你的同事会发现你这个人很好相处。你的行动会让别人的生活更轻松自在，你会因此获得地位。

要想行使权力，并且想要合理使用权力，你必须真正拥有你手上的权力，这样你才能有意识地使用它，而不是依靠本能来保护自己。幸运的是，研究表明，这种对权力的追求是可以通过后天的努力习得的。

第三部分

表演你的权力

第4章

恪守剧情，“表演”自己

恪守剧情，展现自我

当我第一次把专业演员和导演请入 MBA 课堂时，学生们都半信半疑。从学习的角度来说，他们可以看到表演对学习如何使用权力可能产生的作用，但对在现实生活中“表演”的想法感到不舒服。总体来说，表演给人一种操纵和造假的感觉。他们不想扮演别人，只想做自己，做更好的自己。

每次上课前，我都会看着学生们涌进教室，扮演他们自己。“最近怎么样？”有人会问。得到的回答永远是“很好啊！”至于“休息得怎么样？”“聚会怎么样？”“工作找得怎么样了？”这类问题，回答总是千篇一律的“棒极了！”他们总是神气十足、大摇大摆，总是面带微笑，让你觉得他们的生活美妙无比。但我了解他们，因为他们在我办公室里会把那些面具摘下来——他们面临着健康问题、家庭问题、签证问题和人际关系问题，有些人甚至在学业上挣扎，到了崩溃的边缘。这就是我在课堂上看到的那些自称生活得很好、过得棒极了的人。说实话，他们中没有一个人在撒谎，他们都在表演。他们在选择暴露自己的哪些方面，哪些方面需要隐藏起来。

从很多方面来说，这种行为是正常的，甚至是有益的。欧文·戈夫曼在他的著作《日常生活中的自我呈现》中写道，“做自己”本质上也是一种表演。他认为，我们都渴望展现自己最好的一面，而这需要努力和计划。我们会有目的地选择服装和道具，注意自己的言行举止，甚至会选择在哪个阶段出场。我们不会欺骗别人，让他们相信关于我们的谎言，而是会明确我们的身份，让自己看起来可靠、理性、心理健康，能够应对自己内心不可避免的那种混乱、自我怀疑和困惑。按照戈夫曼的说法，社会交往是一种表演。换句话说，做自己是一种表演行为。

所以说，表演自己并不是试图成为别人，而是一种自律的方式，一种管理自己的行为准则。这可能听起来有些矛盾。但是，演员和其他人一样，必须控制好自身最嘈杂的部分——他们的感受、需求、不安全感、欲望、习惯、表演焦虑以及恐惧——这样才能在适当的时候把更有用的部分表现出来。说实话，这难道不是我们所有人都想做到的吗？我们不都希望能展现出最好的一面，而不是退却、躲藏或逃避吗？

在我们的个人主义文化中，个人能动性是一种神圣的价值观。我们倾向于用个性来定义自己，这些独特的性格特征解释了我们的所有行为，并且在不同的环境中应当是稳定的。不管我们认为自己是害羞还是外向，是敏感还是淡定，是随和还是好争论，或是其他什么性格特征，我们通常相信应该一直做真正的自己，做我们一直在做的事情，不管情况如何。我们不喜欢下面这种想法——为了迎合别人的期望，我们可能会改变自己的行为方式或展现自我的方式，但我们一直在这样做。有时候，甚至大多数时候，我们应该这样做。

“做自己”的艺术

人生如戏，每个人都要扮演不同的角色，其中有些角色的权力更大一些。不同的角色有不同的剧本，也就是心理学家说的“图式”（schema），它们从广义上规定了我们应该如何表演。比如，在家里，父母应该保护孩子，替孩子做决定，必要时可以对孩子展现权威，而孩子应该照大人说的去做。在课堂上，教授讲话应该具有权威性，可以决定什么是真实的、正确的，并且在涉及相关知识和经验的时候，坚持自己是正确的；至于学生，不管他们是否愿意，都应该认真听讲，举手发言，按时交作业。在工作中，主持会议的人应该让事情按议程进行，明确议程上有什么、没有什么，控制其他人的参与方式，其他人则应该出席会议，等待指示，然后跟进。

我并不是建议你“在成功之前要假装已经成功”，或者试着成为别人，而是建议你试着接受你身处的舞台，让自己完全沉浸其中，全身心投入其中，让自己以一个有意义的形象出现。仅仅出于习惯做你自己、相信自己的直觉，或者干脆顺其自然，是不够的。相反，我们需要停下来，环顾四周，树立正确的心态——或者像我的一个学生说的那样，有多大的脚穿多大的鞋子——尽职尽责，扮演好各自的角色。我们的目标不仅仅是做好自己，让自己光彩照人，还要让其他人看起来也光彩夺目。要做到这一点，我们必须恪守剧情，保持清醒。

恪守剧情，保持清醒

塞雷娜·威廉姆斯（Serena Williams，通常称为“小威”）在 2018 年美国网球公开赛决赛上的表现出人意料。正常情况下，小威在球场上都镇定自若，有着超强的控制力。她曾屡次向人们展示自己超凡的运动天赋和情绪掌控能力。但决赛那一天，在亚瑟·阿什球场上，她输掉了比赛。比赛中，她一直疲于追赶日本选手大阪直美的步伐。大阪直美没小威有名，一直都很崇拜小威。随着比赛变得越来越激烈，主裁判向小威出示了第一次判罚，警告她不要接受看台上教练的现场指导。之后她整个状态开始出现问题。一开始，她还表现得比较克制。但不久她夸大了自己权力的影响，开始教训教练，指责他缺乏比赛经验。教练没有退让，于是小威开始发飙，砸烂了球拍，因而收到了第二次判罚。她非但没有收敛，反而再次上前理论，要求裁判向她道歉。裁判当然不会道歉，反而因为她出言不逊直接给了她第三次判罚。她输掉了那一局比赛，整场比赛也输了，还因为三次违规损失了 1.7 万美元。赛后，就在直播现场，小威面对镜头向裁判组提起申诉，称自己遭到了性别歧视。慎重起见，专家们赛后就此事进行了数日的讨论。但是，小威那天在球场上的表现对她和她的对手都没有好处。她的对手光明正大地击败了小威，却失去了登上领奖台享受现场观众欢呼的高光时刻。

小威有权愤怒，也有权怀疑自己是否受到了公平对待，但她选择的时机不对。毫无疑问，从任何方面来说，小威都是名副其实的冠军运动员，其运动能力几乎无人能及。但是不要忘了，在美国网球公开赛上，不管你是多么大名鼎鼎或战绩赫赫，裁判才是老大。

英国人称这类事情为“迷失在剧情中”，大致意思是盲目任性，指的是一种不恰当的行为方式，因为它不符合实际情境，违反了社会规范，对任何人都没有好处。在生活中，就像在戏剧中一样，剧情（也就是故事情节）是前提，即在特定的情况下，规定演员应当一起做什么，以及应当如何去做。迷失在剧情中就好比你登台扮演故事中的角色，在表演中途忘了自己身在哪里，忘了为什么会在那里，也忘了自己应该做什么。这就像电影《星球大战》中的反派角色达斯·维达在死星之桥上突然放声高歌一样。

为了更好地使用权力，我们需要恪守剧情，需要接受这样一个事实：除了最私密的时刻，我们扮演的角色讲述的不仅仅是我们自己的故事。这意味着我们要与共享现实保持联系，了解谁做什么、何时做以及如何做。这还意味着我们要遵守礼仪和规则，因为这些都是我们展示关心对方的方式。恪守剧情的能力——融入角色，遵照剧本，为推进共同目标而努力——在很大程度上决定了什么样的演员才算称职，这里的演员不仅是指舞台上的演员，还有日常生活中的演员。

如果我们表现得拥有的权力比实际拥有的多，或者如果我们淡化拥有的权力的影响，导致周围人无法理解，这种做法就属于迷失在剧情中。当我们的人生剧情让自己无法承受时，时不时就会遇到这种情况。有些时候后果并不严重，比如老板问你“周末过得怎么样？”而你不小心透露了太多个人信息。我在读研究生的第一个学期，有一次一位非常有名的教授要给学生做年度学术报告。在报告会开始之前，我对这位教授说“祝您好运！”说完我立刻意识到自己说错话了，因为他的报告肯定会成功，根本不需要一个刚考上研究生的学生来鼓励自己。我的所作所为有些脱离剧本，脱离实际情况。事实上，在那种场合，说“我特别荣幸能参加您今天的讲座”可能更合适，更能表达对这位教授的尊重。但我在他面前的不安全感分散了我的注意力，最终把自己的感受投射到了他身上。

有时，迷失在剧情中会造成严重的后果，甚至会导致犯罪。因太过关注自己、自己的恐惧和不安全感而忘记了自己的角色和责任，我们就有可能对自己的声誉和人际关系造成长久的损害。为了扮演好当前的角色，更重要的是，为了更自信地接演新的角色，我们需要改掉原来的习惯，需要让内心的自我安守本分，需要改变我们看待自己以及原先与人交往的方式。我们表现恐惧的方式可能感觉比较真实，但并不总是有用。每个人从小对待权力的方式都不一样，这会影响到他扮演的成人角色。扮演的新角色与之前的行事方式不一致时，我们必须做出调整。要想很好地使用权力，仅仅沿用在其他地方行之有效的方法，或者不加修饰地以安全的方式扮演角色，还是不够的。我们还必须适应新事物，学会做那些感觉不自然但符合当时所处情境的事情。这不是在做你自己和试图成为别人之间做选择，而是一种挑战，需要将你的想法、感受和行动与你对他人的责任结合起来。

承担角色的责任

从理论上说，我们认为权力就是权利加特权。但在现实中，当权力伴随着我们实际扮演的角色一起出现时，它往往会激活责任。研究表明，那些更多地以角色（如配偶、孩子、经理）而不是以性格（如聪明、爱玩儿、性格内向）来定义自身的人更有可能将责任置于需要之前。关于权力的研究结果也是如此。心理学家戴维·温特发现，那些身为家中长子的美国总统，和作为独生子女或家中最小的孩子的总统相比，在职业生涯中不太容易出现丑闻，不太可能对婚姻不忠、出现不当性行为或沾染恶习。这一结果与另外一些研究结果一致，那些研究表明：可以根据出生顺序来预测儿童的责任感和延迟满足的能力。

这是因为身为大哥或大姐，通常需要做出个人牺牲来照顾弟弟妹妹的幸福，而弟弟或妹妹不需要自我牺牲。长兄长女扮演婴儿的时间不会太久，因为这一角色很快就会被之后出生的、更需要帮助的婴儿抢占，他们被迫早早地开始扮演成年人的角色，控制利己的冲动，把别人的需要放在首位。心理学家认为，家中长子或长女在很小的时候就知道，他们不能总是想要什么就得到什么，因为家里还有其他人，这些人的需要同样重要。那些因把别人放在首位而得到回报的孩子，会心甘情愿这样去做，觉得这么做理所当然。他们还会把这种思维带入成年，影响他们成年后使用权力的方式。

研究发现，出于同样的原因，掌权的女性（而非男性）会受到类似的影响。在大多数文化中，女性都受社会熏陶，默认自己是养育者，扮演照顾他人的角色。因此，许多研究发现女性能比男性更负责任地使用权力、更有效地抵挡腐败，我们不应该对此感到惊讶。小额信贷数据也支持这一结论。孟加拉国格莱珉银行（一家为贫困地区的个人和小微企业提供小额贷款的组织机构）的创始人穆罕默德·尤努斯发现，在使用这些贷款时，女性通常比男性更负责任：她们会买一只鸡、一头山羊或者一些种子，利用它们产生的额外资源来养活营养不良的孩子或者送他们上学。尤努斯还发现，女性偿还贷款的记录好于男性。

我们这里谈论的不是性别差异，而是不同性别的人如何定义自己角色的问题：是个体代理人还是社区成员，是单独的个体演员还是作品中的一员。那些把自己视为群体中成员的人，至少在某种程度上，会把自己的利益等同于与他们关系最紧密的人的利益。这会让他们更负责任地使用权力。

这意味着在等级社会中，社会等级可以在社会和组织生活中发挥一种建设性的作用，但只有当所有参与者都完全认同时才能发挥出来。如果我们认为自己获得权力是一种成就，而没有真正明白这种权力对他人意味着什么，或者假装角色和权力差异无关紧要，我们就无法善待依赖于我们的人，我们创造的就是一种不安全的文化，信任也会遭到破坏。如果我们不认真扮演自己的角色，那其他人也就不知道该如何扮演他们的角色。没有人会关心别人，也没有人知道该怎么做。下属尽心尽力扮演下级的角色，等级制度才会起作用，不管这些下属是否觉得自己有资格扮演更高等级的角色；上级尽心尽力扮演领导的角色，等级制度才会起作用，不管他们是否感到不安全或认为自己已经准备好了。角色一旦确定，它就不再是个人的选择。但是，怎么扮演这个角色，是非常个人化的。

我的学生们上课时一个个笑容灿烂，都声称生活棒极了。此时此刻，他们的行为在某种程度上都带有表演色彩，每个人都顾及了自己的个人形象，同时也表现出了他们认为对其他人最有帮助的自我形象。他们知道，在这种情况下，扮演一个快乐的、有潜力但不完全是真实自己的 MBA，是大家的期望（在其他事情上，他们每个人也都是这样）。学生来到课堂是为了学习，因此如果包括我在内的每个人都带着自己沉重的精神包袱进入教室，其他人就不可能得到他们想要的东西。选择展现或隐藏自己的哪一面是不受限制的，也是维护社会秩序的必要条件。所以从这个意义上说，表演就是一种自我管理的方法，它把对他人的责任放在首位，目的是创造一个安全的环境，让其他人也都可以这样做。

争夺角色。当然，角色并不总是由别人分配的，有时我们不得不争夺角色。权力在这里也起着一定作用。尤其是在非正式场合，在没有正式头衔或已知关系的情况下，人们会试图扮演他们认为能带来地位和安全感的角色。我注意到，他们试图扮演能让他们远离社会底层的角色，从而摆脱缺乏归属感的风险。在没有明确的正式等级的情况下，我们必须迅速找到适合自己的角色，并弄清楚如何从中脱颖而出。

例如，在家庭中就是如此。家庭中兄弟姐妹通常不会扮演同样的角色。相反，他们都试图让自己显得与众不同，以获得特殊的身份地位，比如运动达人、搞怪分子、机灵鬼，或者在必要时会争取扮演会哭的孩子。我们都在寻找独特的角色，希望可以做出独特的贡献，增加独特的价值。这有助于确保我们在团队中占据一个特殊的位置，从而满足我们的归属感和认同感。

在没有正式头衔或已知关系的条件下融入角色，不仅要了解谁拥有更大的权力，还要了解你现有的权力是怎么来的，是源于你的专长、你的社会关系，还是源于你是众人中最具威胁或最不具威胁的？我认识的一位女性法律总顾问曾经抱怨说，她的法律建议很少受到执行团队的质疑，但她的商业建议没有得到认真对待（尽管她经验丰富）。她想知道这其中是否是自己的女性身份在作祟。我提醒她，作为一名律师，她的工作就是扮演交通警察的角色——告诉同事不要超速，遵守交通规则——他们可能把她当成保守势力的代表，因而她的商业建议会遭到怀疑。意识到自己在团队中的角色是提供不受欢迎的建议之后，她改变了自己的做法。她说，意识到自己是局外人，对她来说是一种解放，因为她的角色需要她这样做。这之后，即便其他人告诉她别多管闲事，她也不会觉得自己受到了冒犯。我们无法控制别人对我们的看法或者我们在别人的剧本中扮演的角色，但我们可以控制我们的反应。

施乐公司约翰·克伦德宁的例子给我留下了深刻印象。他在商学院读书时曾在施乐公司实习过，毕业后就被招到施乐，负责管理一个有着20年工作经验的员工，并且此人就是他实习期间的上司。克伦德宁这次是带着新的正式权力走马上任的，但他的实习期上司汤姆·冈宁在公司地位更高、经验更多。这种安排着实令人尴尬。但克伦德宁选择直面挑战。他找到了冈宁最喜欢的一家餐馆，请冈宁去吃午饭，其间两人进行了推心置腹的交流。他对冈宁说："您目前的处境并非我的本意，也不是我造成的。不过，我想您可以把这一局面变成双赢。"克伦德宁知道，为了获得成功，他身边需要有一位人脉深厚、熟悉公司的行业老手，所以他继续说道："我需要您的帮助……我这个人比较诚实，会支持您的……但您得帮帮我。如果您帮不了，那也请不要妨碍我的工作。"克伦德宁让他的下属知道，如果有必要，他会充分利用自己的权力，扮演好自己的角色，但如果下属能帮自己，他也随时准备照顾他们。冈宁后来说，克伦德宁的坦率让他深受感动，之后两人成了关系亲密的同事。

要想更好地使用权力，我们需要认真对待自己的角色，把自己看作更伟大事业的一部分：将自己的个人利益视作推动整体事业发展的一部分，而不能仅仅局限于个人利益；不应将个人利益仅仅视为达到目的的一种手段，善待他人本身也是目的。其实，这就是角色的作用：推进整体事业的发展。如果我们能认真对待自己扮演的角色，这反过来会让我们变得更强大。专栏作家戴维·布鲁克斯曾经这样写道：“我们不知道自己的目的是什么，我们没有全身心投入到某个社会角色中，我们没有投身到为他人服务中，我们感觉自己像一个在无边无际的大海中游泳的人，这样的我们都是脆弱的。只有在为某种真理、使命或爱情倾情投入之后，人才会真正变得坚强起来。”

接受自己扮演的角色

我们常常是根据我们内心的剧本（无意识地），而不是共同的剧情来决定认真对待哪些角色，这会使我们很难有效地使用权力。这一点惨痛教训是我从一个需要我更多帮助的助手那里得到的。和我的大多数助手一样，她很聪明，工作也很努力。我们第一次见面时，她非常尊重我，可以说是异常尊重。现在想来，她是在用这种方式告诉我她需要从我这里得到什么：她想要我来管理她。但我当时没有明白这一点。我希望她能喜欢我，在我身边能感到舒服自在。我觉得自己无权对她呼来喝去，所以对她的态度很友好，甚至过于宽松。我没有特别留心她。有时候，我也不太称职。现在回想起来，我当时是在淡化自己的权力影响，因为我这个人向来如此，而且这种策略在过去一直行之有效。但在她眼里，这是不负责任的表现，她认为我没有认真对待我的角色，于是心生不满，并且开始变得有点儿消极。如果我没有尽职尽责地演好自己的角色，没能扮演一个有爱心、负责任的老板，那么她也不会用心演好自己的角色，不会把自己扮演成一个充满敬意的下属。

我可以看出我和她之间的关系正在破裂，但不明白为什么。我在与其他人的关系中也采取了同样的方法，但别人更能忍受我表现出来的“权力真空”。这个女孩需要更多的管理，必须有人来指挥她。如果我不这么做，她就不得不另想他法。

我常常一停止思考，解决办法就出现了。这件事情的解决方法是在我睡梦中出现的。几十年前我还在上大学的时候，曾为一个名叫迈克的家伙工作过。他是海军陆战队退役军人，在卡茨基尔山区一个大型度假胜地负责管理健身器材。迈克非常有特点。他肩膀宽阔，每天都穿着一身白色制服，走起路来昂首挺胸，就好像他是主宰一切的指挥官，头发也打理得一丝不苟。迈克管理起来非常严格。我来面试的时候，他连珠炮似的问了我一系列问题，然后拿起一根铅管，顺手抛向泳池，指着落入水中的铅管说道：“去把它捞出来。”我照他的吩咐做了。

大学一年级生活结束的那个 5 月份，我和其他 5 名大学生一起到迈克那儿报到，希望能多挣些钱，过一个愉快的暑假。我们的第一份工作是刷厕所。迈克把我们带到公共厕所，顺手指了指。有人当场就不干了，但我还是捏着鼻子，拿起一把刷子干了起来。到了 6 月份，游客陆续到来，我们这些没有当逃兵的大学生每人负责游泳池边的一个区域，里面放着大约 100 张躺椅、100 张厚厚的垫子和 10 把巨大的遮阳伞。我们每天晚上需要检修维护这些东西，再将其整理好，做到一尘不染。这是一项艰苦的工作。每天晚上，当我们觉得已经完成工作的时候，迈克会来检查，检查完才让我们离开。他检查时会身着白色制服，平躺在泳池边的水泥平台上，然后侧转过脸，睁大眼睛寻找椅子下散落的垃圾。如果发现了什么，他会立刻大声喊出那张椅子的编号，或者爬起来走过去，用手指那张椅子。

我已经很多年没想起过迈克了，但一天夜里，他突然出现在我的梦中。他指着泳池边的一张椅子，椅子下面什么也没有，但上面好像有个人——一个戴着墨镜的年轻女人，像个老板似的坐在椅子上。这个女人正是我的那个助手。

醒来后我觉得很有趣，随后突然意识到：梦中的这一幕有点儿不对劲。在梦里，我是泳池服务生，而我的助手成了顾客。这肯定是我的潜意识在召唤迈克来给我一个教训：我必须收拾这个烂摊子。

但如何下手呢？我思考了一下迈克会怎么处理这件事。

不久之后，我收到了那个助手发来的一封电子邮件，她的措辞十分粗鲁，对此我很反感。我让她在规定时间到我的办公室来一趟。我把她发给我的那封电子邮件打印了出来，并着重标出了我最讨厌的那句话。她敲了敲敞着的办公室门，我站起来，示意她坐下，把打印出来的邮件放在她面前，然后，我像迈克一样用手指了指邮件："你这么说是什么意思？"我把手从纸上拿开，直视她的眼睛，看着她脸上的血色渐渐消失。她开始语无伦次，想方设法道歉，试图解释自己的意思。我默默地看着她，直到她讲完。又等了几秒钟，我才开口说："好吧，谢谢你能过来一趟。"

这与我们两人之前的每一次互动都不一样。这次我夸大了自己的权力影响，而她则淡化了她自己的权力影响。也就是说，我们俩都做了我们需要做的。效果可以说是立竿见影。从那以后，我们两个人都更加小心谨慎，尽量扮演好各自的角色。虽然从未讨论过发生了什么，但我们之间的关系开始转好，到今天都很不错。

这是我成长中的一个重要时刻。从某种程度上说，那次见面我表现得有些做作，都是我故意设计的。对我来说，一切都显得不自然，或者说不正常。但我知道，如果想处理好与这位下属之间的关系，那就不必太在乎做自己，而是需要表现得像个真正的上级。

表演是有目的的自我表达，要表演得有意义，我们必须忠于自己扮演的角色。戏剧演员知道故事的结局，不管他们的角色是成功还是失败，也不管为什么成功或失败。而在生活中，我们不知道结局，只能边走边写。我们根本没有时间排练，也没有导演告诉我们正确的表演方法。在生活中，我们大部分时间都在即兴发挥。这种不确定性会让人心生恐惧，所以我们总是倾向于抓住自己熟悉的东西不放。但要想在生活的舞台上获得成功，你必须愿意走出自己的舒适区。

就像演员一样，我们需要多发挥一点儿自我——更用心，更勇敢，目标更清晰，还需要更多的想象力，这样才能有效地扮演我们的角色。有时我们也需要少发挥一点儿自我——少一点儿恐惧，少一点儿羞愧，少一点儿条条框框。与其浪费精力试图隐藏我们最害怕的角色，或者试图表现得正常，不如充分展示我们的表演才能，深入挖掘，并有勇气在生活中扮演那个令自己最害怕的角色。

若是对从何处着手毫无头绪，自己便会畏惧角色的挑战。当然，专业演员会使用所谓的演技，因为他们明白自己并不是他们扮演的角色。就像其他人一样，演员也必须找到一种方法来缩小两种世界观之间的差距：一种是他们在演戏之外对世界的看法，另一种是他们扮演的角色对世界的看法。为了打造最自然、最真实的表演，演员会努力将角色的环境想象成自己的环境。

不间断表演

康斯坦丁·斯坦尼斯拉夫斯基最为人熟知的身份是教授表演的艺术家，他提出了“不间断表演”的方法，也就是现在被广泛提及的体验派表演方法。但斯坦尼斯拉夫斯基还是一名演员、导演和莫斯科艺术剧院的老板。斯坦尼斯拉夫斯基是马戏、芭蕾舞和木偶戏的狂热爱好者，他亲自进入角色的世界，以此打造自己的演技。他会把自己伪装成算命先生或流浪汉，在城市里四处游荡，体验这些小人物的生活。他认为，这样做可以在舞台上更真实地扮演这些角色。

斯坦尼斯拉夫斯基在20世纪早期就提出了这种表演方法，它至今仍然是表演艺术的核心基础。斯坦尼斯拉夫斯基建议，演员不应该仅仅按照事先排练好的方法来表演，也不应该在舞台上装腔作势，而是应该渴望在表演过程中体验角色，或者像角色那样生活。他认为，演员在表演时应该尽量争取不间断表演。这并不是说演员应该努力成为他扮演的角色本身，而是应该尽可能施展想象力，想象一下那个角色的生活是什么样子的。不间断表演就像一条接缝，把演员和角色连在一起。传奇表演教师桑福德·梅斯纳将自己的教学建立在斯坦尼斯拉夫斯基作品的基础上，他说：“表演是在给定的想象环境中真实地生活。”我们都可以像艺术家一样，将个人理解带到表演中来，以这种方式处理我们扮演的角色。

神奇的假设

为了在陌生的环境中真实地生活，许多演员采用斯坦尼斯拉夫斯基的方法，试图把角色的环境想象成他们自己的环境，并将其内化。

几年前，我有机会尝试了一下这种方法。在一场诉讼中，我是辩方的关键证人，需要出庭做证。我明白原告律师的意图，他唯一的希望是攻击我的信誉，问我一些尴尬的私人问题，让我看起来好像有什么事要隐瞒似的。

当时我感到十分无助。我知道辩方希望我能勇敢站出来，如实回答问题，措辞谨慎得体。与此同时，我面对的是一位充满敌意、经验丰富的律师，我是在他的地盘上与他正面对抗。我知道我得保护我的个人人格，并设法在受到攻击的时候保持冷静和清醒。我不会让那个原告律师得逞，不会让他决定那一天我在法庭上的角色。我需要找到一个好方法，在思想上提前做好准备。

在出庭做证的前一天晚上，我看了电视剧《权力的游戏》。我不是这部剧的忠实粉丝，说实话，这部剧之前并没有真正吸引到我。但那天晚上，我被丹妮莉丝·坦格利安深深吸引。这位美丽娇小的女王小时候被哥哥卖为性奴，后来成了最强大的统治者之一。丹妮莉丝渴望正义，也会害怕。后来她照料、孵化了三颗龙蛋，成了三条喷火巨龙的母亲，而这三条龙也成了她的保镖。尽管感到软弱无助，但她依然很强大——她是巨龙的保护者，也需要巨龙的保护。丹妮莉丝这一角色对我说：巨龙之母。

第二天早上，我在换衣服准备出庭做证时，丹妮莉丝突然出现在我的脑海里。我盯着镜子，想象她身着披肩，穿过一片荒无人烟的土地朝我大步走来，披肩上的肩章像小翅膀一样向外伸出。我把我的黑色毛衣换成了一件带垫肩的蓝色外套，立刻觉得自己更像是一个斗士，代表的是正义，没什么可害怕的。我在想，如果我也是巨龙之母呢？我还能做些什么呢？

思考得越多，情况就变得越真实。如果我是巨龙之母，那就意味着我有孩子（我确实有孩子），我知道有孩子是什么感觉。我感到巨龙就在我身边，在我的心里和身体里，尽管我看不见它们。显然，龙太大了，不可能睡在我女儿的卧室里，所以我想象着它们像猫一样懒洋洋地躺在我家车道上，沐浴在一片阳光里，等着我从屋里出来告诉它们要去哪儿。驱车前往法庭时，它们腾身飞翔，紧紧跟在我身后，一边为我提供空中掩护，一边守护着车。我走进法庭，它们跟在后面，巨大的龙爪伴着我的高跟鞋，在地板上发出咔嚓咔嚓的巨响。它们围在我的椅子后面站定，怒目圆睁。

我和原告律师对视了一下，心中说道："放马过来吧，笨蛋！我的孩子们可是会喷火的！"

听起来可能有点儿古怪，但这可不是闹着玩的。斯坦尼斯拉夫斯基认为，通过充分利用感官去想象角色可能经历的所有场景、声音、触觉和气味，演员可以解除防御冲动——防御冲动通常会驱使我们做出行动，迫使我们紧紧抓住认为需要保护的脆弱的自我。出于这个原因，哈佛大学精神病学家巴塞尔·范德考克（因在创伤后应激障碍方面的开拓性工作而闻名）推荐戏剧疗法，用以治疗那些防御心理过度的患者。当保护自己的需求消失时，我们会更有能力，可以完全适应全新的环境。这就是演员赋予角色生命的方式，也是一种通过表演行使权力的有效方式。无论你以什么为生，如果做自己这种方法行不通，可以采用上述那种“假设”的方法。

具有神奇作用的假设练习需要运用想象力。它不能改变你的真实身份，也不能改变你所处的现实环境，但它可以改变你的自身体验和对所处环境的体验。我们对生活环境的体验很重要，它深刻地影响着我们。例如，对自我实现的预言和刻板印象威胁的研究清楚地表明，我们担心的事情最终可能真的会变成现实。既然如此，为什么不使用具有神奇作用的假设来为自己创造一种现实呢？这个现实不是基于你有多害怕，而是基于你有多强大。

面对一个让我们感到无力的挑战时，比如一个新的角色、一次严厉的谈话或一个陌生的情境，不妨提前问问自己，不要问“我害怕自己在剧情里可能会成为谁”，而要问“我希望自己在剧情里面像谁”“我需要具备什么样的性格才能产生我渴望的影响”。可能是巴顿将军身上的那种勇气和刚毅，可能是罗杰斯身上那种书呆子般的同情心，可能是足球明星托宾·希思身上的那种顽皮、敏捷和自信，可能是巴拉克·奥巴马身上那种悠闲的冷静，可能是罗纳德·里根身上的那种乐观主义精神，可能是艾伦·德杰尼勒斯身上的那种调皮善良，可能是碧昂斯身上的那种狂热，可能是安德森·库珀身上的那种彬彬有礼的固执，可能是杰夫·贝佐斯身上那种实事求是的精神，甚至可能是我祖母身上那种充满智慧、言简意赅、无条件的关爱。所有这些都是我的学生们表演出来的角色特点，把更多他们需要的东西带到了特定的表演中。

表演的服装与道具

几年前，奥普拉·温弗瑞作为斯坦福大学的嘉宾，接受了我们的系列节目《顶端视角》的采访。当时能容纳 600 人的会场座无虚席。一名学生站起来，问奥普拉参加那种她是现场唯一的女性或有色人种的重要会议时如何表现。奥普拉毫不犹豫地回答说，她并不是孤身一人。她说：“表面上看我是一个人来的，但实际上我是代表着千千万万的人来的。”她的这一灵感来自玛娅·安杰洛的诗歌《我们的祖母们》。这首诗歌歌颂了诗人的祖先和他们争取自由的战争。安杰洛在诗中这样写道：“没有人，没有一个人，也没有一百万人 / 敢否认我的上帝。我

一人独自前行 / 犹如万马千军。”

当奥普拉走进一间全是白人男性的会场时，她要选择如何扮演好自己的角色。她会花上一点儿时间，召集起一支精神部队。温弗瑞并不是作为现场唯一的有色人种女性进入会场的，而是带着她的女性同胞一起走进去的，她们存在于她的思想里、她的内心里以及她的经历里。她和其他许多有色人种女性一样，在历史的不同时期，扮演着重要的角色。

奥普拉在全美有色人种协进会名人堂颁奖典礼上发表获奖感言时，提到了这种思考方式，思考她在更大舞台上扮演的角色以及赋予她权力的背景。她提到了那千千万万中的几位，称她们为“万分之十的力量”。这些人同她一样，既是女性，也是非裔美国人，想要为自己和自己所爱的人争取更多，并且同她一样，努力工作，与偏见斗争，打破各种障碍。她们知道自由和机会会来临，但没在有生之年看到这一切。奥普拉说：“正是因为有了她们，今天，我才能站得如此坚定，因为她们是种子，我是她们结出的果实。”奥普拉·温弗瑞告诉我们，尽管在其他人看来，她是独自一人待在一个满是白人男性的会场里，但对她来说并非如此。虽说其他人看不到女性同胞与她一起前来，但这并不意味着她们没有“真的”来到现场。奥普拉坚信，她们始终与她一起，同呼吸共命运。

你并非奥普拉，也不可能是巨龙之母，但这些故事可以启发你扮演好自己的角色。出庭做证的那天，并没有喷火的巨龙保护我，但在走上法庭的那一刻，我相信真理和正义站在我这一边。我最近又听说：一个人把她的支持者的名字（支持她的家人和朋友的名字）写在了一叠便笺上，带着这些便笺走进了法庭。

我们携带的东西很重要，无论是在头脑里还是在口袋里。演员也用同样的方式使用道具，帮助他们与现实保持联系，这非常有助于他们恪守剧情。例如，公司高管可能会随身携带一台平板电脑、一个 Moleskine 笔记本或一个皮革封面的活页夹，更有可能什么都不带（有权势的人往往不随身携带东西，因为其他人会帮他们拿）。我有一个在华盛顿特区工作的熟人，他经常去国会参加听证会。只要去国会，他就会随身携带一个薄薄的活页夹，以表明他有所准备，但他需要的大部分东西都在脑子里，活页夹只不过是一个道具。我喜欢希拉里·克林顿在班加西事件听证会上的形象：透过眼镜，低头飞快地翻看文件，看上去有些不耐烦。我们携带的东西会影响我们的行为、我们对环境的理解和应对方式，以及我们扮演各自角色的方式。

服装也能产生同样的效果。普通人穿衣服，演员穿戏服，目的都是一样的。我们之所以穿选定的衣服，不仅仅是因为它实用、漂亮或时尚。衣服，就像我们随身携带的其他物品一样，也具有象征意义，其目的是影响其他人，也影响我们自己。我们身上穿的和携带的东西能让我们自己以及他人进一步认识我们。这些东西能够强化不间断的表演。

有些演员走下舞台或者离开镜头之后还是会穿他们的演出服装，目的也是如此，他们的一言一行表现得就好像还沉浸在角色中。在用表演的方式使用权力的时候，我们需要仔细选择服装，因为它们可能会帮助，也可能会阻碍我们为自己设定的目标。

根据角色选择服装。刚开始做牧师的时候，萨拉·希斯勒·戈夫博士经常对自己扮演角色的严肃性感到不安。在她的教区居民眼中，她扮演着上帝替身的角色：既是最崇高的角色，也承担着最艰巨的责任。她的工作就是在陌生人生活中最融洽、最私密的时刻出现在他们面前，给他们信心、意义和安慰。在被任命为牧师之前的那个夏天，萨拉在医院当专职教士。有一次她被叫到一个快要去世的教区居民的床边。“我当时是名教士。”她回忆道。但她感觉自己不像个教士。这位居民全家人都站在那里，等待着，所有的目光都集中在她身上，认为她应当履行牧师的职责。“他们认为你之前有过这方面的经验。”她说。但她没有。“此时此刻你不能说‘我第一次遇到这种事’。在这种情况下人很容易不知所措，心里会想：我该怎么办才好呢？我的头脑可能会陷入混乱。”

戴上罗马领这个简单的动作对萨拉的帮助很大，尤其是刚开始做牧师的时候。这就像允许她站出来扮演自己的角色，她也能感觉到其他人的轻松。她发现身着牧师服的时候，人们对她的反应是不同的，他们的尊重和崇敬可以让她做必须做的事情，根据其他人的需要扮演她自己的角色。

萨拉说，慢慢地，随着实践的增加，融入角色越来越容易了。她发现，如果需要的话，她现在可以穿短裤和T恤来感受和表演牧师的角色。她说："我现在扮演的就是这个角色，但要求更高了。你必须相信正在发生的事情，扮演这个角色。你要保持头脑清醒，尽量不去伤害别人，说什么都无所谓。作为牧师，你可以在现场，从头至尾忍受尴尬的沉默、艰难的时刻和陌生的关系，不必难为情或不自在。"

要求着装规范是有原因的，有些还具有实用价值。例如，警察的枪套里佩着上膛的手枪，因为警察有责任保护公民免受犯罪分子的伤害。有些警察还穿着防弹衣和厚重的靴子，这些东西让他们感到沉重。当然，这些设备的首要功能是保护警察，但同时也改变了警察的行动状态。穿着制服的警察移动起来像银背大猩猩一样。看到某个警察步态笨拙地向我们走来时，我们立刻就知道他是个头儿。制服会提醒人们各自的角色，能在紧张、混乱的情况下让人放心、安心，提醒每个人遵守那些能保护他们安全的协议。

我的女性医生朋友告诉我，她们要是没穿医生制服、没带听诊器，是不会进病房的。她们告诉我，这些道具在医生查房时并不一定总能用得上，但许多医生认为，携带这些象征医学地位和专业知识的道具有助于让病人感到安全，并能提醒医生树立自己的权威。这并不全是作秀——我们身上穿戴的东西会改变别人对我们的反应，也会改变我们自己。

许多职业女性告诉我，虽然她们不愿穿高跟鞋，但似乎无法放弃。为什么呢？穿上高跟鞋确实能让人身材变得挺拔，比原来高一些，当然也会让人感觉更有威严一些。高跟鞋对我们的提升还体现在其他方面，不仅仅是身高。例如，高跟鞋敲击坚硬地面的声音就是在高调宣布某人到场了。大家可以想一想大白鹅踱步的姿态。我认识的那个在华盛顿特区工作的熟人说他被叫到国会参加听证会时，总是会穿硬底鞋，因为他迈步踩在大理石地面上的声音就像在帮他定场。他说：“我希望他们能听到我的到来。”这是他登场的方式。他的脚步声提醒他和其他人，他是一股不可忽视的力量。对女性来说，高跟鞋也可以让她们变得很性感，而性感里面蕴含着力量。有些女性的穿着打扮凸显了她们的女性气质和外在魅力，因为她们认为这样能增强她们的力量，在很多情况下也确实如此。但要注意，在职场中，细跟高跟鞋的效果与鞋跟较宽的高跟鞋不同。从物理学的角度来说，穿细跟高跟鞋的女性更容易被击败。

“西装革履”一词已被收入词典，用来形容大多数职场人士在准备执行某项重大任务时所做的心理准备。这种装扮不仅仅看起来很专业，而且无论男女，西装都能让我们的身材显得更加挺拔，让肩膀显得更加宽阔，从而外在气场看起来更加强大。有时候，与其说你需要强化别人对你的印象，不如说是需要加强自己个人的感觉。在需要感觉自己很强大、需要表现得很强大的情况下，我们的穿着打扮能带给我们自信，让我们看起来像那么一回事，也能帮助我们尽快进入角色。

抢占地盘，反客为主

地盘对权力来说很重要。别的动物会不遗余力地抢占地盘，人类也是如此，因为我们本能地知道，谁拥有了空间，谁就可以制定规则。吉米·坎摩尔曾经取笑特朗普总统和其他人坐在一张桌子旁的情景：他有时会把桌子上的东西（甚至是其他人的东西）移开，为自己创造更大的空间。这种冲动并不只是特朗普才有。我认识的一个人曾造访往届政府的白宫要员。据他说，他来到会面的房间里，现场权力最大的那位要员坐在会议桌旁一个又大又舒适的椅子上，而他被安排到了会议桌的另一边，属于他的那把简陋的、标准大小的椅子紧紧靠在墙上，勉强能坐进去。地盘发出了一个明确的信号，表明在特定场景中谁拥有权力。

地盘赋予了我们权力：在家里，我们是主人，一切归我们管；在你的办公室里开会，即使你不是与会人员中级别最高的，权力的天平也会立即向你这边倾斜。我在斯坦福大学的一间教室里（也就是我的地盘）与高管会面时，他们在问我问题之前都会举手请示，尽管他们中大多数人在他们自己的地盘上比我的权力要大，并且其中有些人几乎在其他任何场合都比我权力大。

经常有人问我掌控局面这个问题。许多人认为这一切都与自信心有关，关键在于如何表现自己。但实际上这个问题与地盘有关。当你觉得自己是别人家的客人时，就很难做到掌控局面。有时候你会想要淡化权力影响，尊重“主人”，就像你是受邀参加晚宴的客人一样。有时候，你会想要夸大权力影响，在不具主场优势的情况下设法抢占空间，反客为主。

教室就是一个很生动的例子。《逆向管理》一书的作者埃米尼亚·伊贝拉介绍了别人教她作为哈佛大学商学院教授如何建立自己的“领地”：在学生进入教室之前，先在整个教室里转一圈，每个角落都要走到，四处转一转。刚开始给企业管理人员上课时，我注意到，他们通常是在同一间教室上课，有时候我来上课，会觉得自己像个外人，冒冒失失地闯进了“他们的教室”。这种感觉让我越发畏首畏尾、犹豫不决，越发担心违反他们的规定，越发缺少主场作战的感觉。于是我改变了做法，每次早早地来到教室，四处走动一下，提醒自己我是他们这一培训项目的特邀主讲嘉宾，他们是我班级里的学生。这并不是谁对谁发号施令的问题，而是让自己有机会表现得像个“主人”一样。“以主人身份招待客人”是掌控局面的好方法，很受欢迎，能让来到现场的客人感到荣幸。记住，他们是在你的房子里，规则由你来定。

另外，中立的地盘可以改善现有的权力失衡局面，这就是许多公司会采取异地办公的原因，因为它们知道，有时候需要在中立的场合才能打开沟通渠道，让人们不再去考虑公司内部的地位差异。这也是为什么像“超级碗”这样的冠军赛不会在参赛球队所在的城市举行，以及为什么大多数重要谈判都是在中立的地方进行。

地盘的种类也很重要。也许我们应该感谢哈维·温斯坦[①]，因为大多数人现在都意识到，在酒店房间里举行商务会议是有风险的。我建议我的博士生不要在正式会议后开派对，因为娱乐环境里的行为规范，与严肃的专业场合里的行为规范完全不同。在这种情况下，资历较浅的人尤其处于不利地位，因为他们需要看人的眼色行事。

撇开不良行为不谈，有些谈话在公开场合进行比较好，有些则私下进行比较好。有时候，私底下夸大权力影响、在公开场合淡化权力影响是有道理的。例如，某位首席执行官可能会在公开场合听从并表扬他的某个下属，私下里给他提出具体的改进建议，通过这种方式来培养这个下属做自己的继任者。同样，在一个没有很多人在场的私密环境中指出某个同事或下属的错误可能会显得更体贴。帮助别人保住面子是淡化自己权力

① 哈维·温斯坦是好莱坞知名制片人，深陷性侵丑闻，被指控在酒店内性骚扰、性侵多名女性。——译者注

影响的一种有效方式，不会让别人难堪崩溃。还有一点，下属私下里把坏消息告诉上级比较稳妥。如果有人——无论处于食物链的顶端还是底端——以一种非常恶劣的方式将他人置于危险之中，那么我们一定要公开抵制这种恶劣行为，这样其他人才能知道这种行为的后果。

说到地盘，互联网也很有代表性：它是个无人地带，在这里许多传统的权力规则不再适用。它不是某个人的地盘，但同时也是每个人的地盘。想想看，近年来，Facebook 和推特等社交媒体平台是如何成为巨大的社会平衡器的。一个相对“不重要”或“比较普通”的人凭借他的专业知识或第一手经验，可以吸引大量的追随者，产生强大的影响力，这在以前是不可想象的。人们在社交媒体上，还可以采用面对面交流中不敢用的方式来施加影响或表达意见：在推特上选边站、偏袒某一方或攻击某个有权有势的人的成本通常比在现实生活中要低得多。这与耶鲁大学斯坦利·米尔格拉姆所做的一些不太广为人知的研究的结果是一致的。他研究的内容与服从有关，在研究中，随着参与者之间身体和心理距离的增大，他们对权威的反应越来越怠慢。我们对此不应当感到惊讶，因为研究表明，即使是在署名的电子邮件中，人们也很有可能违反行为规范。在争夺地盘的时候，那些最具攻击性的演员往往会胜出。

我们在这里阐述的关键是：你可以选择以何种方式来扮演自己的角色，不仅仅是穿什么服装、要成为谁，还可以选择在哪里见面，从而推动剧情的发展。

扮演主人。我认识的一位刚毕业的年轻高管对自己的第一份工作非常满意。28 岁时，她被一家《财富》500 强公司聘为地区主管，负责扭转 15 个经营困难地区的经营状况，可以说这是一个相当重要的角色。她的大多数直接下属都比她年长，也比她有经验。她急于快速熟悉工作，并建立良好的工作关系。于是，头几个月她都在和下属交流。他们几乎对所有事情都怨声载道，工作没有任何进展。她觉得必须证明自己，于是开始为他们解决问题。她说："我知道我可以介入其中，亲自完成工作，并且有一段时间，我还真是这么做的。"但事实上，她需要学会的是如何当好老板，如何当好镇上的新治安官，如何成为新标准的制定者，并让其他人对他们自己的表现负责。她需要学会如何与他们沟通交流，让他们一心一意地解决她的问题，不能本末倒置。

她需要夸大自己的权力影响，但不能让人反感。我俩曾为此讨论过。她问我："在他们的地盘上，我怎么才能掌控局势，同时又不会表现得像个浑蛋呢？"我建议她试着把自己当成那里的主人而不是客人。她接受了我的建议，开始尝试。

她回忆说："在那之前，我在那个地区工作了一年左右，手下员工的工作合约续签率和士气都很低。我需要他们知道，我从他们那里要得到更多。我们要创造这样一种文化，尽管面临挑战，团队成员仍愿意在这里工作。扮演主人身份这一想法真的引起了反响。如果想要建立关系，我会邀请对方到我家，尽地主之谊好好款待他们。”但她面临的情况是，她无法邀请他们去她家，所以她试着把家的感觉带给他们。

她买来烘焙机和原材料，每天早上早起，来公司烘焙。她解释道：“我让经理们安排好休息时间，这样他们就可以离开办公室去吃点儿东西，而我会在那里准备好刚出炉的点心。我会亲手拿给他们，一起坐下来边吃边聊。他们中的一些人休息时间也在工作，我猜这些人可能是不想和我闲扯，但是其他人做出了回应。他们聚拢过来，敞开心扉，有些人甚至会帮忙一起烘焙。这让人产生了一种真正的家的感觉。”

她说，她做了大量的倾听工作，也说出了她需要他们做什么，但语气毫不含糊。并不是每个人都立刻做出了反应，但渐渐地他们开始改变想法。她说：“作为年轻高管，非常艰难。我的这个例子很具有说服力，我不需要表现得像其他人一样，我可以利用对我来说很重要的东西，并将其作为我的优势。我永远不会表现得像公司里很多男性高管那样，但是我可以利用我的真诚和体贴。我认为这是一个领导者应该具备的品质。”

表演的完整性

在考虑进入角色的时候，许多人会纠结于看到的二元对立选择——是扮演真实的自己，还是扮演其他人，也就是说不扮演“自己”？许多社会学家就是这样看待事物的，这并不是演员的思维方式。我在斯坦福大学的前同事、苹果大学院长乔尔·波多利内将这种紧张的关系描述为两种逻辑之间的较量：一种是人的逻辑，由个性、习惯和最真实的感觉来界定；另一种是情境逻辑，由环境、角色和社会规范来界定。

采用表演的方式行使权力是角色扮演的一种挑战，角色的真实性不是考验的真正目的。无论在舞台上还是在生活中，表演时我们面临的挑战是找到说出真相的方法，让我们的言行可信，即使这些行为本身是由剧本设定的。角色扮演和表演是不一样的，它更像是排练，而不是正式演出。它依赖于剧本，而不是台词，比如老板说“我的门永远是敞开的”，但你每次经过他门前的时候，门总是关着的。表演是一种挑战，需要使人的逻辑与情境逻辑保持一致，不能相互破坏。表演时我们应努力保持逻辑的完整性，而不是老想着做自己。

完整性指的是完整或未曾分割的状态。它旨在确保你在精神上和情感上都做好了百分之百的准备，计划去做负责任的事情，也就是说，不管后台发生了什么，你都要去做你渴望做的事情，实现你对角色的承诺。这样做的目标是把你的真实自我，包括你的个人经历和独特的世界观，带入角色，以此作为艺术、诠释和意义的源泉。这意味着我们首先要让自己站在舞台上，需要脱离我们自身（我们的过去、个人奋斗、疲惫、挫折、对关注和支持的渴望、应得或不应得的权力等），并开始追踪别人眼里的我们以及我们的表演对周围世界的影响。我们需要更多地关注我们正在做的工作，而不是我们工作时的样子或感觉。

采用表演的方式行使权力是在争取做事的完整性，是在竭尽所能养成一种做事负责的精神状态。

如果某个角色让人感觉是剧中人物的延伸，那就给了演员成长的机会。许多演员都曾说过，某些角色让他们发生了彻底的改变。剧院是为数不多能让我们在心理上、身体上和情感上天马行空的地方，想到哪里就可以到哪里。在现实生活中，新的角色让我们可以用自己从未想过的方式使用权力，也为我们提供了一次成长的机会。如果这样考虑问题，你会发现，表演并不是在束缚你，而是在解放你，甚至是在授权于你。表演可以让我们超越传统的自我认识，对新的思维和生活方式敞开心扉。

我的很多学生都说表演让人上瘾。一堂课上完之后，他们大都意犹未尽。他们在表演时不会感到不真实、僵硬或不自在，而是感觉自己更真实、更投入、更有活力。他们彼此之间的互动并不会让人觉得做作、尴尬或突兀。事实上，他们感觉彼此间更亲密了。在日常生活中，我们一心想要控制自己，将我们最狂野、最热情、最脆弱的部分藏在心里。为了隐藏这些秘密，我们煞费苦心。表演给了我们更多的拥抱自我的机会，让我们可以邀请内心更多的角色出现在舞台上，这样一来，我们经常会发现原本不知道的自己。

正如伟大的剧作家大卫·马麦特所说，“演员应该顺其自然，什么也不要发明，什么也不要否认”。做自己就是表演，表演就是做自己。一旦我们了解了社会生活的真相，使用权力就会变得越来越容易。

第5章

根据剧情调整，甘当配角

对不同人来说，与进入角色相关的具体挑战也各不相同。有些人很难站出来扮演领导的角色，因为他们可能害怕承担责任，或者没有做好准备。但对于努力想要站出来的人来说，其中有些人不知道如何给别人让位。不管你是谁，都要对某个人负责。因此，为了有效地利用权力，我们大都需要掌握扮演配角的艺术。有时候，用表演的方式使用权力意味着要戴上一顶更大的帽子。这一章要讲的是，当我们不得不戴上小一号帽子的时候，该如何使用权力。

超级英雄情结

人们很容易忽略的一点是，权力不会自动地从一个场景转移到另一个场景。在现实中，我们的角色在不断变化，权力也会随之发生变化。为了更好地使用权力，我们需要认真对待每一个新角色，并选择对应的表演方式。一位高管告诉我，我在课堂上讲到这一点时，他心中不免一震。大约在上我课前的6个月，他做了一次重大的职业转变，辞去了一家咨询公司首席执行官的职务，到以前一位客户的公司就职，但新工作并不顺利。上完课他终于知道原因了。“我仍然处于首席执行官的模式，对这个客户指指点点，告诉他我认为他应该做什么，好像我比他更清楚似的。但问题是，现在他是我的老板。”他笑着摇了摇头，继续说道：“我得学会如何使语气缓和下来。”

这位前首席执行官没能根据剧情调整角色，依然以一种看似自然、熟悉甚至真实的方式行事，但这种方式不适合新的工作岗位。他没有意识到自己在扮演一个新的角色，而是还像以往一样处理事情，并且希望同样可以成功。现在看起来，担任首席执行官期间，他夸大了自己权力的影响，展示能力，提供指导性意见，言行举止像个专家。这么做的效果非常好，以至于他的客户想把他挖过去。现如今，尽管双方仍有权力，但新的角色改变了一切。为了能让这段关系继续下去，他需要以一种新的方式来扮演自己的角色，比如从老板变成伙计。

有时候，角色是不变的，但演员在变，这种情况下也需要调整。例如，所谓优秀的下属，就是可以根据不同的老板以及他们各自喜欢的表演风格来改变自己。非常喜欢夸大权力影响、摆出高高在上姿态的老板，肯定会喜欢那些淡化权力影响、俯首帖耳的下属；而喜欢淡化权力影响的老板肯定会更愿意和那些喜欢夸大权力影响的下属共事。同一个行为可能会帮助你在一个老板那里得到重用，但在另外一个老板那里却可能适得其反。最近，我从自己的一个新上司那里学到了这个惨痛的教训。我以前的上司非常宽松，对任何事情都喜欢说“是”，并且一直鼓励我去争取我需要的东西。如果我能提出一个有说服力的观点，他几乎从来不会拒绝。我学会了如何与他相处，每次都是直接告诉他我想要什么、为什么想要。我其实是在夸大自己的权力影响，不过这种方式似乎非常适合我俩。新上司上任的时候，我从未想过自己默认的这种做法可能会引起波澜。第一次需要新上司帮忙的时候，我和他简短地通了电话，告诉他我想要什么以及为什么想要。他拒绝了我的要求，这大大出乎我的意料，但也没有引起我的重视。我没有就此放弃，还觉得是他没明白我的意思。毕竟，他初来乍到，还不适应自己的角色。现在一想起这件事我还是会后怕，但当时我满怀信心地又试了一次，给他发了一封电子邮件，解释了他的答复为什么不合理。第二天，他突然出现在我的办公室，坐在我的办公桌边，告诉我要冷静下来别激动。我感到很难堪，赶忙不停地道歉，向他解释说我还在按照之前的惯例做事。我记得当时自己双手捂住嘴，发出一声惊呼：“啊，对不起！”又摆出一副妥协的姿态说：“我这干的都是什么事啊？”他平静地解释说，他觉得我太咄咄逼人了。他告诉我说，决定我需要什么是他的工作，我试图做的决定超出了我的职级范围。我说："我还是在按之前的老规矩办事，这的确应当由您来决定，不管您做什么决定，我都赞成。"

新角色、新演员会引发所有人心中的压力和不安全感。斯坦福大学研究野生狒狒应激反应的生物学家罗伯特·萨波斯基发现，猴子在看到新演员上场、打乱旧有做事方式的时候也会变得焦躁不安，会表现出压力引起的激素分泌变化。层级的不稳定会激发根深蒂固的恐惧和不安全感，使我们固守旧习惯，并在需要考虑选择和尝试新事物的时候触发下意识的冲动。

在我很喜欢的一篇文章《论爱与权力》（*On Love and Power*）中，政治学家汉斯·摩根索写道，对爱与权力的需要就是这样两种下意识的冲动，它们都源自同一种存在。我们生活中最大的恐惧是孤独或被排挤在群体之外。汉斯同许多心理学家一样，也认为正是出于这个原因，我们都在不知不觉中以不同的方式寻求爱与权力。当我们对被排挤在群体之外的恐惧加剧时，这个动机尤其容易被触发。当对爱的需求上升时，我们害怕被拒绝，因此自然会试图取悦他人以赢得他们的认可，这对地位较低的人来说的确很有帮助。但当对权力的需求上升时，有时这是因为我们担心自己不够重要，就会激发与角色期望不同步的行为。

心理学家德罗伊·保罗胡斯和奥利弗·约翰将这一现象称为超级英雄情结。他们在对德国企业高管的研究中，发现一部分要求增大权力的人会对他们自己产生积极的幻想，以帮助自己克服不安全感。他们研究中的那些超级英雄说，在工作中，晋升是首要任务，因此会表现出自己值得提拔。具体来说，这些人眼中的自己比别人眼中的他们更聪明，也更擅长社交。

当一个人无法抗拒提升自己的机会时（超级英雄情结在男性中更常见），其他人都会感受到压制，包括那些实际上级别更高的人。超级英雄（理所当然地）必须拯救世界，把其他人从无能和脆弱中拯救出来，这样才能感受到超级英雄的力量。怀有超级英雄情结的人会不择手段，竭尽所能——他们会主动提供建议，声称自己可以解决所有问题，狐假虎威，嫉贤妒能，时刻不忘炫耀自己的成就，等等。

所以你可以看到，扮演从属角色时，超级英雄情结可能会带来挑战。真正的超级英雄需要饰演男一号或女一号，因此，你很难让他们让位、下台，或在舞台两侧等待。害怕被忽视、被低估或被看不起的心理会让怀有超级英雄情结的人无法控制自己不去抢镜头。

误判现场形势

我面试过一个求职者，他不仅没有带我要求他带的材料，而且还大咧咧地仰靠在椅子上，把脚跷到了我桌子上。我很难想象会出现这种情况，我想他是想传达我们是同一类人这个信息，以此来拉近我们之间的关系，但结果适得其反。认为自己能胜任某个重要角色，或者相信自己具有发展潜力是一回事，而假装自己和选角导演地位平等是另一回事。同样，在求职面试中，举止落落大方、谈吐自信得体，与走路一摇三晃、表现得完全不拿自己当外人，也有着天壤之别。比如，太过放松，搞得跟面试官关系很亲密似的；喧宾夺主，夸夸其谈；或者更糟糕的是，用高人一等的口气对面试官说话（或者把脚跷在面试官的桌子上），以此来显示你有多自在、应该得到多少尊重，以及多么适合这个角色。

我们（尤其是女性）都听过这样的建议：我们需要在会议桌前争取到一个座位。这个建议不错，但有一点要注意：你必须适合那个座位。所有房间里的所有座位都是不平等的，没有哪个助理曾经因为坐在老板的椅子上而获得地位。同样，为了赢得尊重或避免被边缘化，有人给出的建议是要在会议上发言，但这种传统建议只在你说的话或你的发言能给在场其他人增加价值时才有效。如果你还没有赢得这种地位，如果现在没有必要听到你的发言，而你也没什么有价值的话要说，那这种策略几乎肯定会弄巧成拙。一个简单的经验法则：说话过于简略不会让你获得地位，你只会因为自己没有充分阐明观点而局促不安。

表现得你手中的权力好像多于你实际拥有的权力，是菜鸟才会犯的低级错误。这完全可以理解。有人可能看过类似的

TED 演讲，演讲内容是关于私下里如何摆出有权的姿势，为大型会议、演讲或面试做准备。他们由此推断，从进入会场的那一刻起，就需要表现出十足的气势，给人留下良好印象。但是这种虚张声势的做法不是取胜之道。你在行动时，想要带着的是扮演的角色赋予你的权力意识，而不会老想着你对别人的角色表示出尊重后，会失去权力的担忧。

最近一位同事告诉我，有一次他被请去培训一批高管，行为有些过火。当时他正准备开始讲话，忽然注意到现场职级最高的管理者正两眼紧紧盯着手机。为了引起这位高管的注意，我的同事站在会场的前面，像严厉的小学老师那样，一言不发地盯着他。我同事这样做是试图重新掌控现场，但也严重误判了顾问和客户之间的权力关系。我同事高估了自己的地位，没能恪守剧情，最终失去了之后为这家公司培训的机会。

一般来说，我们更担心的是低估而不是高估自己在团队中的地位，但这种担心是多余的。心理学家、社会等级研究专家卡梅伦·安德森的一项研究表明，高估自己社会等级的学生工作小组成员（尤其是对自己的身份定位高于其他成员对他们的定位）不但不受欢迎，而且跟他们合作的人对这些人的工作表现评价也不高，认为他们的报酬应该低于那些对自己的身份地位有更清醒认识的人。对别人表现得过于尊重是一种相对安全的错误，但是你不可能在不淡化他人权力影响的情况下夸大自己的权力影响。怠慢群体中备受尊敬的人意味着你不清楚自己的位置，这可能会让你付出极为昂贵的代价，无异于在社交场合自寻死路。这就是为什么一直夸大权力影响的做法行不通。

有些人表现得比自己的实际价值更重要，这种现象令人格外反感。为什么呢？首先，当你表现得过火的时候，就是在向别人传递这样一个信息，即你如何看待自己与他人的关系。这就是在告诉你的上司，你认为他们不配拥有目前的权力和地位，也是在告诉你的同事，你觉得自己比他们优秀，就好像是对周围所有人都心生不敬、出言不逊。在任何情况下，对潜在的雇主、客户和几乎所有人来说，看不清局势的的确确是一个不利因素、一个危险信号。这说明你太过在意自己和自己在舞台上的形象，对别人不够关心。

我女儿曾经有幸在华盛顿特区的一次班级旅行中见到最高法院大法官鲁思·巴德·金斯伯格。她后来这样描述自己当天经历的恐怖一幕：当时一个八年级的同学打断了金斯伯格法官的话，大声喊道，“你能大点儿声吗？我们这里听不清你的声音！”对一个13岁的孩子来说，这种行为是可以原谅的——她可能意识不到，尽管老师鼓励你在课堂上大声发言，但无论在什么场合，我们都不能对美国最高法院大法官发号施令。我是碰巧听到这件事的，当时在现场的几个孩子坐在我车里，叽叽喳喳地议论这件事，声音中充满了怀疑。如果连八年级的学生都能感觉到这种行为有点儿出格，为什么一些成年人就那么不会审时度势呢？

当人的逻辑压倒情境逻辑时，我们常常会把握不住等级规范，也就是说我们从自身内部获得的线索太过嘈杂。觉得赌注太大、地位岌岌可危时，焦虑或不安是很自然的，但在这种情况下产生的焦虑可能会引发冲动，而这种冲动可能不适合你扮演的这个角色。

每次我在课堂上谈论超级英雄，总有一些学生课后会来我的办公室找我。这些学生清楚自己是什么样的人，他们告诉我："总有人反映我这个人太好胜，太咄咄逼人，太傲慢无礼。我不是故意的，但是每当有人批评我，或者因为某种原因情绪消沉时，我必须要说服对方才行。"我的一个具有超级英雄情结的学生讲述了课堂上发生的一件事。他在课堂上扮演一位年轻的创业者，正在游说董事会成员（由当天来访的真正的企业高管扮演）。他花了好几个小时准备，出乎意料的是，"董事会"当场解雇了他。他告诉我："当时感觉糟透了，我和他们吵了起来，要求他们做出解释，坚持认为他们的做法有失公允，并试图证明他们这样做是错误的。"在那一刻，他想表现出一个首席执行官应有的风度、韧性和礼貌，结果他却大发脾气。

扮演配角的重要性

通常认为层级化角色是领导和下属之间的一种选择，但这并不是团队的实际运作方式。只有配角将地位高于自己的人视为伙伴时，团队才能发挥作用。这就要求承认配角的重要性，因而需要赋予配角权力，以及与此相应的责任。比如，挤上公交车之后，你可以向后走，一直挤到车尾。你也可以选择靠近驾驶员的座位，想象自己为车辆保驾护航。此时需要付出的努力程度与前者不同，并且需要主动把其他人的利益放在第一位。

坐在靠近驾驶员的位置为车辆保驾护航，与把别人的角色当作垫脚石，为自己争取更大更好的目标是不相容的。把某个角色看成赢得名利的机会，就很难真正融入这个角色。

我认识的一位高管一直在处理这种问题。他发现，那些在他领导的知名大企业中寻求特定角色的人这样做，与其说是想为该企业服务、完成企业使命，还不如说是想借企业之名，创建个人平台，优化个人履历，掌握更多权势。很多关于权力的著作都会告诉你这是思考权力的正确方式。我一直认为这是无稽之谈。每个人都对这种行为心知肚明。这些人不仅没有恪守剧情，而且从一开始就不关心剧情。组织机构和其中的角色不是仅仅用于个人发展的资源，而是为比个人发展更重要的事情做出贡献的机会。

我们都想给别人留下深刻的印象，赢得他们的尊重，在事业上取得进步。我们有时会担心，扮演不重要的小角色会让自己显得渺小、软弱或无足轻重。

但是，别人得到掌声时，自己能安之若素，这本身就是一种力量的源泉，表明你也有能力成为众人瞩目的焦点。约书亚·沃尔夫·申克在其著作《两个人的力量》（*Powers of Two*）中指出，历史上许多重要的发明创新，尽管常常归功于某一个天才自己的努力，但实际上却是两个人共同努力的结果，比如约翰·列侬和保罗·麦卡特尼、史蒂夫·乔布斯和史蒂夫·沃兹尼亚克、比尔·盖茨和保罗·艾伦，等等。也就是说两个人中一个在聚光灯下，一个在幕后。申克写道："具有讽刺意味的是，我们的双眼一般只会盯着聚光灯下那个耀眼的明星，但是一对搭档的重心往往是我们关注较少的那位。"

保持专注

有人渴望聚光灯，也有一些人喜欢在幕后。戴维·利特是奥巴马总统的演讲稿撰写人之一，专门负责在总统的演讲稿中添加笑话和俏皮话。他说，总统在第一个任期内甚至不知道利特这个名字，"这与电视剧《白宫风云》（*The West Wing*）里的情节完全不同"。利特在接受《纽约时报》采访时表示："我从来没有同总统先生一起散过步、聊过天。我是众多默默无闻的工作人员中的一员，把演讲稿递上去之后就大功告成。我没有创造太多的历史，对我来说这没什么。"

即使以牺牲个人荣誉为代价，专注于工作、专注于技能、专注于更高层次目标的能力也能带来巨大的力量。无论是担任总统的幕僚，还是担任导师、教练、顾问、合伙人、首席运营官等其他任何角色，扮演配角都需要谦逊、责任心和自信，需要把聚光灯让给别人。你必须为自己所做的一切感到骄傲，应当为自己可以让别人看起来更出色而自豪。比如，滚石乐队的长期伴唱歌手丽莎·费希尔就不是众人眼中典型的女粉丝。她曾记录下这样一幕。乐队主唱米克·贾格尔面试她时，她打开自己的试唱带，开始唱歌，米克则挥舞手臂，跳舞，围着她不停地旋转。但她表现得坦然笃定，无动于衷，全身心地沉浸在音乐中，这反而帮助她拿下了伴唱这份工作。她在接受《纽约时报》采访时表示："有些人为了出名会不择手段，而我只想唱歌。"

专注于做好工作，专注于完善自己的技能，这表明你更关心自己对团队的贡献，而不是自己得到了多少认可。这就清楚地表明，你更关心的是艺术，而不是功名。这对于在扮演配角时建立信任尤其重要。

角色的作用是促进集体事业的发展。如果我们接受了一份工作，得到了报酬，那么就应该把该组织放在第一位。我们扮演的角色并不属于我们自己，我们并未拥有这些角色，也无法带走他们，只是占用一段时间。我们扮演某个角色的目标不应该是不择手段地去积聚个人权力、财富和名声。我们只有积极地影响他人，使自己变得有用，才能获得权力，并且最终也许会获得财富和名声。如果我们也能因为这些行动而获得提升，那就太好了。但我可以非常肯定的是，如果把所有的选择都框定在提升个人地位方面，那么结果几乎总是会与我们的目标背道而驰。

很多人都不愿意扮演那些感觉无法进一步提升自己的角色，这种对地位和权力的关注会让他们失去成为伟大团队成员的大好机会。谢丽尔·桑德伯格讲过这样一件事。2001 年，时任谷歌公司首席执行官的埃里克·施密特邀请她加入谷歌，但她差一点儿就错过了这次机会（也可以说是良机）。她担心这个角色不够大，自己非但不能得到提升，反而可能会后退一步。施密特告诉她说："只要有机会能上船就好，先保证得到船上的一个座位，不要问自己得到的是几等座，先上船再说。"她照做了，而且义无反顾。她说这是她迄今为止得到的最好的建议之一。在生活中，最重要的是在你能产生真正影响的角色中，为更高的目标服务，而不只是追求那些在简历上看起来光鲜亮丽的角色。

以集体利益为重

身为下级，我们的每一个行为都有风险。为了集体利益愿意承担个人风险，这才是最可靠的地位来源。如果我们的行为表明我们关心他人，准备牺牲自己的利益来维护他人的利益，我们就赢得了他人的信任。相反，如果我们的行为表明我们更关心自己而不是集体的利益，那信任和地位就会消失。

这不是关心或不关心他人和集体的问题，我相信大多数人都是关心的，但问题在于我们有没有能力表明我们的关心。如果有能力表明，那最终都会归结为自我牺牲：为了让别人胜出，你愿意牺牲多少？你在这场比赛中得了多少分？这种关心是很难伪装出来的。

为了有效地扮演配角，我们可以夸大或淡化权力影响。但为了提供帮助并建立信任，我们必须与此时此地正在发生的事情保持联系，以表明我们在倾听和关注对他人来说最重要的事情。我们必须抓住时机、敢于冒险，使整个集体受益。要做到这一点，我们必须与舞台上正在发生的一切保持联系，并将自己视为其中的一部分。

我能想到的最能说明这一点的例子是我在工作中目睹的一件事。斯坦福大学有一项名为“高管挑战赛”的传统活动，活动期间，大约 470 名 MBA 一年级学生都将与当天到场的校友开展一系列角色扮演活动。

这些学生在挑战当天来到活动现场，与一群来自世界各地的杰出校友见面。学生们手里拿着一份商业案例，大约有一个小时的准备时间，扮演商界人士（企业家、团队领导者等），校友则扮演权益关系人（董事会成员、风险投资人、顾客或客户等）。活动的目标是在双方半个小时的会谈结束时达成协议。

会谈中由校友和教师志愿者组成评委，他们在一天中为 6

对参加同一案例会谈的不同组学生打分。学生必须提出问题的解决方案，与搭档展开讨论，同时还要处理好相互间的关系，尤其是与参加会谈的校友之间的关系，他们可是专门来出难题的。这只是一次模拟商业活动，但对学生们而言风险很高，因为他们的同学、老师都在现场观看，而且与他们互动的校友将来可能会成为商业伙伴。这次活动就是他们给这些人留下的第一印象，所以角色表演很重要。学生们会展示出他们的角色形象，也能让大家看到他们是什么样的演员。

总的来说，学生们表现得很好。他们大多像你期望的那样：一个个西装革履，精神抖擞，尽管偶尔略显稚嫩。有的学生好像穿的是他们父亲的西装；有的看起来有些胆怯，这可以理解；还有的学生更善于隐藏自己的情绪。很多人给我留下了深刻的印象。但是有一年，一个学生的表现让我大吃一惊，她以实际行动告诉我作为配角应当如何行使权力。

这件事在我的记忆中就像是一张张快照闪过，有些细节都略过了。教室前面有两个学生，但我只看到了一个非裔美国女性。她身材娇小，美丽标致，穿着一套海军蓝的西装。她周围的一切都显得模糊不清。几位校友坐在会谈桌旁，大多是白人。他们看上去有些目空一切、盛气凌人，坐在椅子上不停地摇晃着身体，随时准备提出尖锐的问题。这个女生坐在他们对面，平静而又充满活力，就像风暴的中心，一切都围绕着她展开。

她的搭档很活跃，滔滔不绝地讲了很多。而她显得更安静，但并不沉默；更笃定，但并不僵硬。她看起来并不害怕，只是注意力非常集中，但表情很放松。她笑的时候，我能看到她洁白的牙齿。

其中一名校友突然发难。他舞动着双手，向他们抛出了一连串的问题："如果你们错了呢？如果你们的方案失败了怎么办？谁来承担责任？"

学生们没有预料到会被问及这个问题。

"谁为此负责？"他逼问道。

这一下子把这位女生的搭档给唬住了，他朝她瞥了一眼。但这位女生毫无惧色，当即答道："你来找我就可以了，我会为此负责。"

我现在写到这儿的时候还是起了一身鸡皮疙瘩，依旧感到相当震撼。她的回答让现场立刻安静下来，现场的权力完全转移到了她这边。校友们收敛起来，没有再提任何问题。她的搭档长长地舒了一口气。通过那句回答，这名女生告诉会谈方，无论冒什么样的风险，她都会承担责任，都会支持他们，也有能力支持他们。最终，这对搭档的表现得到认可，和校友们达成了协议。

这一组同学达成协议时，还有几分钟空余。但那天，其他小组甚至在提出请求之前就已经没有时间了。这名女生和搭档同每个人握手致意，离开了会场。现场的高管们眼睛瞪得又大又圆，彼此心领神会，都认为他们从中发现了特别之处。在对她的表现进行反馈时，我记得我们对她的表现赞不绝口，但很难说清楚到底是什么让她的表现如此震撼。

她不是现场声音最洪亮的，也没有一心想成为现场最精明的人。她没有表现出强大的控制力，没有咄咄逼人，也没有显示出过人的社交能力。她没有阿谀奉承，没有炫耀卖弄，甚至也没有引起太多的注意。但她完全掌控了现场。她全神贯注，张弛有度，自始至终都表现得不急不躁、一丝不苟，一切都在她自己的掌控之中。她显然非常善于倾听。其他人都在争先恐后地争夺地位，而她却表现得像现场唯一一个成年人。她并不是在刻意扮演某个角色，而是想有所作为。这只不过是模拟活动，但她的表现十分出彩，令人难忘，显示了她内在的一些深刻的东西。

在崇尚个人主义的世界里，追求地位和关注被认为是正常行为，自我宣传被认为是获得成功的最佳途径，而这位演员却反其道行之，表现得卓尔不群。她的行动就是在告诉大家："我在你身边，不管发生什么事，我都能处理，有事来找我，我对此负责。"她勇敢地站在现场那些大人物和他们的恐惧之间。她知道他们需要什么，而她的搭档不知道。当她的搭档不知出于什么原因，犹豫着是否要拿自己献祭的时候，她为了团队利益不惜牺牲个人利益，主动站出来，在没有得到允许的情况下亮明自己的身份，但她这么做的时机和方式却是照顾到了其他人的利益。她表现得与众不同，因为她敢于担当，全力以赴。

在剧院里，选角导演会根据多方面因素挑选演员，其中一个就是演员对角色的投入程度，因为这能帮助演员表演到位，也有助于获得良好的声誉（口碑），这种口碑来自与他人的紧密合作，以及在以往作品中对职业行为规范的遵守。合适的外在形象对表演是有帮助的，但这不是最重要的因素。伟大的演员会通过他们扮演的角色成为剧中亮点，无论扮演多么小的角色，他们都会全身心地投入，表演起来吸人眼球，极具个性，令人难以忘怀。要想更好地使用权力，仅靠在镜头前停留足够长的时间和特写镜头是不够的。我们必须全力以赴，竭尽所能，寻找机会表现得与众不同，不管这样做在那一刻能否提升我们的地位。至少在一定程度上，这是我们在未来赢得更重要角色的方式。

第 6 章

应对表演焦虑

聚光灯下，粉墨登场

有一种观点认为，对权力感兴趣是人的天性，不只是感兴趣，还会被权力吸引，渴望更多的权力，并且会努力追求权力。德国哲学家弗里德里希·尼采是最早阐述这一动机的人之一，他称之为“权力意志”。尼采认为，人类生存的目的就是努力获得最高的地位，而这种努力是证明人类存在价值的合理甚至必要的手段。

但对许多人来说，拥有权力的想法比实际拥有权力更具吸引力。我喜欢和同事开玩笑说，尽管我们希望得到各自领域内最重要的工作，但不确定自己是否愿意去做这些工作。很多人更愿意待在幕后，不愿身处聚光灯下，并且更愿意受人喜爱，不愿让人感到恐惧。

表演焦虑（尤其是在扮演重要角色时）的确是个棘手的问题。20 世纪 90 年代中期，我在美国西北大学凯洛格管理学院的晚间课程项目讲授组织行为学。学生都是经理级人物，他们上了一天班，又赶来上课，所以都有些疲惫，但同时也情绪高涨，因为可以借上课的机会，反思自己在工作中面临的挑战。

有一年，为了激发学生们讨论组织角色影响的兴趣，我决定播放一段 1971 年由菲利普·津巴多主持的著名的斯坦福监狱实验的片段，以研究权力的心理影响。在斯坦福大学心理学系的地下室，报名参加监狱实验的大学生被随机分配，充当两周囚犯或狱警，而心理学家津巴多（作为负责人）和他的研究助手会观看整个实验过程。

这个实验的一些结果众所周知。实验中一些狱警实施的心理折磨，近来被比作在阿布格莱布监狱发现的虐囚事件。实验进展如此糟糕，只进行了 6 天就终止了。

在课堂上播放视频片段之前，我要求我的学生（他们都有管理经验）站在参与者的角度考虑问题。我让他们想象自己被分配到狱警的工作，第二天要汇报一下他们第一次上班的情况。“你心里在想什么？”我问他们。

我记不清当时期望他们说些什么了，但我认为，无论他们说什么，都能提供一个有趣的窗口，可以让我们了解权力是如何把普通人变成施虐者的。他们沉默了一会儿。

其中一个人终于承认说："我感到害怕。"

"害怕什么？"我问道，心想他可能误解了这次活动，"别忘了，在这里面你说了算啊。"

过了一会儿，其他人也加入讨论。他们想把工作做好，但不确定自己能否成功。他们得控制好局势，但不能使用武力。囚犯们不会满意监狱的安排，如果拒绝服从安排，那怎么办？除了狱警的头衔，他们没有任何真正的权力，担心囚犯们会看穿这一点。他们期望自己能以狱警的身份出现，所以担心被看穿的恐惧显而易见。从本质上说，他们产生了表演焦虑，说这让他们感到紧张。

传奇风险投资人、早期互联网浏览器网景（Netscape）的创始人马克·安德森说过这样一句名言："实际上，作为一家初创公司的负责人，只有两种反应，那就是兴奋和恐惧。任何喜欢坐过山车的人都会告诉你，他们很难分辨这两种心理之间的区别。"数十年来，斯坦福大学的监狱实验一直被视为经典案例，来说明人们如何陶醉于权力带来的快感，变得举止反常。并且，该实验还被当作证据，证明人对权力的典型反应是，为了取乐而滥用权力。但是，当我让学生们把自己想象成狱警时，他们并没有产生这种心态。他们提前感受到的是恐惧。

权力恐惧的表现形式

人们通常认为，斯坦福监狱实验中的狱警冷酷、残忍，甚至天生就有施虐倾向。的确，一些狱警为了应对工作压力，会想尽一切办法来摧残囚犯——侮辱谩骂，拿走他们的床垫，让他们睡在坚硬的水泥地上，单独关禁闭，等等。狱警的这些行为大家也都听说过，但关于斯坦福监狱实验鲜为人知的是，并不是所有狱警都这样应对压力。事实上，根据研究报告，实验中的狱警以三种不同的方式使用他们的权力，而且采用每种方式的人数量相当。

• **攻击**。那些虐待囚犯的狱警几年后就此事接受采访，在提及当年的各种做法时表示，他们并非从内心想要伤害囚犯，而是一心想要做好工作。在最近的一次采访中，一名狱警回忆说，他当时想得到他认为津巴多想要的结果，展示权力是如何被滥用的。这些狱警竭尽所能，夸大他们的权力影响，让囚犯们感到极度无助，这样就能按照指示继续控制局面。但他们的动机是希望获得研究人员的认可，并向同伴证明自己（证明他们在被要求做的事情上是最佳人选），而不是强迫和伤害他人。他们想要在自己扮演的角色中脱颖而出，于是不惜一切代价。

• **按部就班**。一些狱警“超出预期”，向研究人员炫耀他们控制囚犯的能力；一些狱警只是试图按部就班地完成任务（并没有什么强烈的愿望）。他们尽量遵守规则，完全按照要求去做，尽力做到一丝不苟。这些狱警表现得直接坦率，非常认真，研究人员称他们立场坚定、处事公平。他们认为，表现好就意味着按部就班地把工作做好。

与那些过度表现、通过自我冒险显示创造力和主动性的人相比，那些表现得直接坦率的人讨厌冒险，他们更愿意循规蹈矩、一丝不苟，而不是暴力征服。他们在扮演自己的角色时基本上放弃了自己的权力，只是奉命行事。

- **抚慰**。还有另外一批狱警，他们的行为没有得到广泛讨论。他们的表现既不恶劣，也不直率，而是很友好。他们设法安慰、讨好囚犯，和囚犯交朋友，想方设法帮助囚犯，提供特殊待遇。他们想让囚犯们吃得饱住得好，过得舒舒服服的，这样囚犯们就会喜欢他们，不会反抗。

狱警们对表演焦虑的这三种反应与我们在其他关于权力和领导力的研究中看到的并无不同。有些人会夸大权力影响，有些人会淡化权力影响，有些人则会一丝不苟地行使权力。每一种反应都是应对重要角色带来的表演焦虑的不同方式。

在生活中权力增大时人们会感到恐惧，这并非出于直觉。关于权力的一个巨大讽刺是，我们寻求领导角色是为了让自己感觉更安全、更具控制力。但很可笑，我们发现，获得权力的那一刻，就是我们意识到自己实际的控制力是多么渺小的那一刻。所有父母、公司经理、团队领导都知道，对自己控制事物的能力感到不确定时，拥有权力简直就是一场噩梦。真的，一点儿都不夸张。比如，我试图按时赶到教室，结果被困在电梯里，或者找不到上课的教室，或者根本没有备课，或者准备的课程不对，又或者我站在教室前面准备开始上课，但学生还在进进出出，完全把我当空气。这些都是我曾经做过的噩梦。

当然，这不仅仅是控制力的问题。在大型舞台上我们很可能也会遭遇这种惨状。大多数情况下，我们会认为那些身居高位的人感受到的表演压力要小一些。但是，一旦我们从掌权者的角度近距离观察权力，就会发现完全不是这个样子。

冒充者综合征

一夜之间，你可能会从团队的普通成员变成团队领导者，从助手变成老板。你不会觉得自己有何变化，但权力会改变一切。你很可能不会觉得自己比昨天强大，但在别人眼里，你已经不是昨天的你了。重要角色会引来关注，吸引大量的观众，而且常常会招致苛刻的评论。与之相伴的是责任和强烈的期望，有时会引发嫉妒和怨恨。扮演更重要的角色会让我们登上更大的舞台，从而不可避免地感到自己的渺小。身处聚光灯下，我们会觉得自己完全暴露，弱点一览无余。

在管理领域，你刚开始担任重要角色时，会产生一种特别的恐惧，这种恐惧被称为冒充者综合征。这是表演焦虑的一种表现，影响着各种类型的演员，他们都觉得自己并没有完全准备好扮演现在的角色。冒充者综合征患者害怕暴露自己，害怕打破斯坦尼斯拉夫斯基所说的不间断表演，害怕暴露演员和他所扮演角色之间的差距。他们害怕被别人看穿，就像《皇帝的新装》里那位没穿衣服的皇帝。

我们都有过这样的经历：被推到一个自己觉得很难胜任的角色里，在这个角色里我们应该发挥权威的领导作用，但我们不确定表现能否达到预期。我认识的一位在马萨诸塞州剑桥市（哈佛大学附近）工作的精神病学家声称，他曾为遭受这种困扰的诺贝尔奖得主提供过咨询。还有一位教授（早已是终身教授）仍然动不动就回想起在他职业生涯早期，他内心的那个冒牌货是如何离开自己的。他曾主动提出要教授三位权威思想家（马克思、尼采和弗洛伊德）的著作课。他对他们的作品了如指掌，但却总是有意无意地把自己教授的课程称为“马克思、尼采和冒牌货”[①]。

冒充者综合征患者暴露出来的是一种恐惧心理，有时，正如上文教授的口误所反映的那样，我们的反应暴露了自己的内心想法。这是下意识淡化权力影响的典型事例，就像在说“请不要咬我，我不值得你咬”。患有冒充者综合征的人反应往往就是这样，但并非总是如此。有些人不是淡化自己的权力影响，而是彻底消除权力影响，干脆选择躲避、隐身或者沉默。

① 弗洛伊德（Freud）和冒牌货（Fraud）这两个英文单词形近。——编者注

另一些患有冒充者综合征的人的反应则是夸大权力的影响，他们会表现得过于傲慢，以此掩盖自身弱点。比较常见的反应是过度准备，为了这一角色反复接受培训，补充知识，增强专业技能和自信心，经过长时间等待之后才登场亮相。在不具备应对表演焦虑技巧的情况下扮演重要角色，这种冲动在很多方面都会对我们不利。

害怕自己不称职

如果我们的目标是在扮演重要角色时建立信任，那害怕自己不称职就会分散我们的注意力，让我们无法专注于更重要的事情，也就是下属心中我们对他们核心利益的关心程度。这不是凭直觉得出的结论，对这一点的研究结果非常清晰：人们都默认大人物的能力很强。通常情况下，更重要的问题是要学会证明我们关心下属的利益。

我的朋友、同事和以前的学生在升任重要岗位之后经常会联系我，希望我能给他们一些建议，告诉他们如何向未来的下属介绍自己。上任前他们一般都会按兵不动，因为想先摸清情况，了解具体的文化和政策，决定行动优先级，找准立场。他们大多不知道自己打算如何应对重大挑战，所以害怕在没有解决方案的情况下登台亮相。但是，等待太长时间才现身，或者只是露上一面，蜻蜓点水，这可能会对身居高位的大人物造成极为恶劣的影响。

有人认为，美国前总统小布什在卡特里娜飓风后失去了许多支持者，因为当时他等了很长时间才前往路易斯安那州评估损失。然后他乘飞机飞越了灾区上空，没有在地面慰问曾经支持自己的选民，这更是招致了猛烈批评。与此形成对比的是，“9 · 11”恐怖袭击之后，时任纽约市长鲁迪 · 朱利安尼当天就戴着安全帽站在了世贸中心的废墟上，这让他得到了美国民众的交口称赞。作为负责人，你必须及时出现，即使这意味着会让自己身处危险之中。小布什的表现让民众觉得他有意远离卡特里娜飓风灾难，没有亲赴现场伸出援手，或者在逃避自己的救援责任。这些行为让他显得冷酷无情，甚至对灾民怀有敌意（尽管他并没有主动伤害他们）。后来的事情大家都知道了，小布什在乘专机飞越灾区时被拍到透过机窗向外眺望。尽管他后来解释说对自己看到的灾区景象深感担忧，而且他的幕僚也解释说，乘飞机是希望避免分散救援人员的注意力，减少资源浪费，但民众不是这样解读的。

这件事给我们的教训是，身为负责人，人们希望从你那里得到很多东西，其中最主要的，是他们想弄清楚他们在你心中的分量。身居要职，你是团队其他所有人自我价值的体现，你必须在第一时间向团队表明他们值得你付出时间和精力，因为你位高权重，享有诸多特权。同时，团队怀疑不会给你带来任何好处。

最近，我在与一位朋友聊天时了解到，她所在的那家科技公司把她提拔到了公司最高管理层。该公司开发了一种创新产品，有望打开全新的市场，因而引起了广泛关注。唯一的问题是，她不清楚这一令人感兴趣的新产品是如何运作的。一方面，她想直接参与进来，帮助她的团队适应新形势的需要；另一方面，她又不想让他们觉得自己在技术上不合格。在一个完全陌生的行业中担任更重要的角色，她是否应该考虑调整自己那种逃避责任的管理风格？她非常精明，在上任前几周已经开始处理这一问题，这样就可以跟上她即将接触的技术和行业的发展速度。她还打算在与团队开会之前，花些时间了解一下团队成员。

“那就别等了，”我告诉她，“最重要的是一定要亲自出马，马上和每个人见面，即使你不知道自己要对他们讲些什么。了解他们的工作方法，弄清楚他们的希望和顾虑。一开始你可能表现得不完美，但只要你表现出关心他们，对他们关心的事情感兴趣，那目的就达到了。他们需要能够看着你的眼睛，能够从中发现你非常重视他们，尊重他们，渴望向他们学习，而且非常用心。不要逃避，不要等到自己觉得准备好了才登台亮相。这是第一步。”

你必须及时出场，但即使是最老练的表演者也会告诉你，及时出场并不能保证你会有出色的表现。即使是我们当中经验最丰富的表演者也备受煎熬，害怕在舞台上搞砸。著名的说唱歌手和唱片制作人 Jay-Z 描述了他在第一次现场演出中卡壳的情景。他说："我当时忘了歌词，懵懵懂懂站在台上，试图把麦克风递给达蒙·达什，我和他共同创立了 Roc-A-Fella 唱片公司。我把麦克风递给他，好像嘴里还说了一句'快接着'。而他好像也回了我一句，'伙计，有没有搞错啊，我不会说唱！'当时，怎么说呢，我一脸茫然地站在台上，不知该如何是好。"

传奇歌手兼词曲作家帕蒂·史密斯也曾说过，尽管她有几十年的舞台表演经验，但在瑞典举行的诺贝尔奖颁奖典礼上，向鲍勃·迪伦致敬时，却一反常态地怯场了。当时迪伦本人拒绝了邀请，他根本没想去领奖，史密斯同意代替鲍勃表演。史密斯是著名的诗人、词作者和表演艺术家，被选中在典礼上表演。然而，表演那一刻到来的时候，她唱不出来了。

"这首歌的开头部分是和弦，和弦过后我听到自己开始演唱，"她后来这样写道，"第一节还过得去，只是声音有些发颤，当时我确信自己能应付下来。但随后莫名的复杂情绪紧紧攫住了我的内心，如雪崩般剧烈，根本无法控制。透过眼角余光，我可以看到电视摄像机巨大的升降台，以及台上台下所有的社会名流和观众。我突然不习惯这种紧张场面，无法继续演唱下去。我并没有忘记歌词，对我来说歌词早已烂熟于心，可当时就是唱不出来。"总之，那一刻史密斯卡壳了。她已经远远脱离了自己的舒适区，一时无法做自己想做的事情。

在大型会议或报告之前，演讲者通常会说：“我能应付下来就可以了。”这也是害怕暴露弱点的一种反应，是表演带来的焦虑。许多管理人员在处理他们对权力的不适应和对不能正确行使权力的恐惧时，通常会采取不到现场或电话通知的方法，本质都是一样的。我们设想的是，如果不到场，就不会把事情搞砸。但之后我们又想知道为什么下属不信任我们。如果你不能想办法及时出现，那就说明你不想出现，因为你是负责人，没有人会认为你不来现场是因为你太关心他们，即便原因真的如此。

不管我们是否是负责人，都应即时现身。在大型会议上，我们注意到别人发言时有些人在下面窃窃私语。他们的身体可能来到了现场，但精神却游离于现场之外。他们不关心事情的原因及结果，因为这会加剧他们的表演焦虑，只能假装参与其中，但实际上不过是走过场，做做样子，看似坐在那里，实际上是在观望、猜测，让别人承担重任。他们不确定自己是否愿意冒险在整个团队面前说出自己的想法，因此表现得就像体育赛事的观众，在场边评头论足。如果个人不愿意冒险，不愿意为众人抛头露面，那就很难被视为团队骨干。

害怕承担责任

尼采认为每个人都想成为第一，而弗洛伊德和弗洛姆则认为，实际上大多数人害怕权力，并试图逃避和权力相对应的责任。许多高管处理这种焦虑的方式，就是照章办事，尽量遵循规则，参考现有的政策、原则和上司的意见，而不是对他们自己的决定负责，就像上文提到的按部就班的狱警一样。

英国电影《天空之眼》（*Eye in the Sky*）中就有一个与此相关的例子（可能是虚构的）：两名没有经验的无人机飞行员坐在内华达州的一个地堡里，等待命令发射无人机。这架无人机的任务是杀死肯尼亚内罗毕一个居民区里的一名自杀式炸弹袭击者。英国上校凯瑟琳·鲍威尔（海伦·米伦饰）想要发动袭击，但她无法得到任何人的批准——没人愿意为此负责。她首先咨询了她的法律顾问，顾问建议她去请示中将，因为中将是这次任务的指挥官。但此次行动还需要英国内阁同意，因为没有人愿意独自承担批准行动计划的责任，中将又请示英国外交大臣，外交大臣又要遵从美国国务卿的意见，而美国国务卿当时正在别国进行外交访问。接下来的一刻显得十分轻松滑稽——美国国务卿正在打乒乓球，比赛刚进行到一半。他毫不犹豫，立即批准了此次行动，似乎很容易做出这个决定。最后，这位鹰派上校终于发动了袭击。在这之前，她不得不绕着身居要职的决策者大军转了一圈。这些决策者拥有更大的权力，但都不想因为任务进展不当而被追究责任。

事实证明，对许多人，甚至对大多数人来说，他们非常害怕承担责任，以至到了紧要关头，他们自己坚决不做重大决定。他们可能希望事情发生时自己在现场，但一定会尽量避免冲在最前面。

你可能认为大多数人总是喜欢拿冠军，而不愿屈居亚军。然而，我的同事埃姆·赖特在其主持的研究中发现，大多数人（略多于一半）承认他们宁愿排第二。埃姆推测，这是因为人们喜欢在团体中让自己尽量占据最高的地位，但同时又想避免对使用权力的后果负责。简而言之，许多人认为，承担团队老大应担的责任，是得不偿失。

如果我们的目标是追求地位，但同时又要逃避责任，那一般就会尽量维持现状。这未必是件坏事，但不求有功但求无过的做法不能完全体现出身居要职者的领导能力或过人之处。

害怕被人看不起

大多数人害怕自己所做的事情会引起别人的敌意。在这方面，使用权力会带来特殊的风险，对于那些渴望别人喜欢自己的人来说更是如此。政治学家威廉·伊恩·米勒认为，那些身居高位的人无疑会成为嫉妒和怨恨的目标，他将“向上藐视”描述为等级社会中不可避免的特征。如果我们一心只想赢得大家的喜欢，那就很难更好地行使权力。

我最近在与一群董事会成员交谈时，了解到这种情况非常普遍。一家私人股本公司的首席执行官找到我说："我认为你抓住了我们公司中最令人头疼的一个人力资源问题。招进一批员工之后，其中最优秀的人会得到提拔。这些人表现突出，事业上升迅速，然后突然之间变得踟蹰不前。他们无法面对自己比同龄人职级高的现实，想假装他们之间仍然是平等的。他们不得不对他们的朋友进行问责，却又想假装他们不是真想这么干！这让我们失去了很多优秀的人才。他们管理的团队会瓦解，因为大家都觉得没人负责，每个人都表现出了最坏的一面。"

政治心理学家戴维·温特研究了美国多位总统渴望得到民众喜爱所造成的影响，以及对他们执政行为的影响。他写道，美国前总统理查德·尼克松就是一个典型的例子，可以让我们清楚地看到位高权重者如何让自己渴望被人喜欢的心理蒙蔽了双眼。据温特说，尼克松试图通过窃听民主党总部来监视民主党官员，这是受到了一种强烈的偏执心理的驱使，其根源在于他内心的恐惧，害怕他在华盛顿被视为地位低下的局外人，害怕局内人出手陷害自己。这是时下对"水门事件"比较流行的一种解说。

将恐惧转化为出色的表演

简而言之，表演焦虑是担任更重要角色时的正常表现。即使专业演员也会怯场，但他们对此有心理准备，甚至能以正常的心态迎接演出前剧烈的紧张情绪，因为他们有办法控制这种情绪，并能积极主动地加以利用。

保持冷静，继续表演。从根本上讲，焦虑是一种生理反应，可以通过调节生理活动来解决。运动员、舞蹈家、音乐家，还有演员，在比赛或演出前都需要热身，唤醒身体机能，从而缓解表演焦虑。他们会伸展身体，做一些放松的动作，试着通过身体运动转移紧张情绪，而不是试图封堵情绪或使其消失。热身运动可以帮助我们摆脱情绪压力，放松身心，搁下刚刚发生的事情，在身体内部创造空间，增强身体的灵活性、敏捷性和适应性。

演出前的热身方法有很多，因为我教的演员使用的方法都不同，所以这些方法我都尝试过。

我们首先需要认识到焦虑是什么感觉。我从我的第一个表演老师凯·科斯托普洛斯那里学会了这一点。她告诉我们："闭上眼睛，审视一下自己，我是怎么站的？脸朝哪个方向？身体重心在哪里？浑身感觉到轻松还是沉重？脑子里在想什么？"用她的话说，这是一份个人清单。我逐渐掌握了这个过程，它不仅能发现我在当下那一刻的感受和表现出来的肢体语言，而且能发现我从其他地方带来的精神压力。焦虑是一种潜在的强烈情绪，就像一台马达，你几乎可以听到它在你的耳朵里嗡嗡作响，盖过了其他声音。我能感觉到它出现在我的脸上、紧闭的嘴角边、僵硬的微笑里和紧皱的眉头上，能感觉到它出现在我的胸膛、肩膀上以及有时无缘无故攥紧的拳头里。我能感觉到它出现在我的呼吸里，尽管有时比较微弱，甚至暂时会中断。在我看来，这些对恐惧和焦虑的自然反应表示我的身体试图阻止我产生这种不良情绪，或者试图将其封闭。

感觉到身体上的这些反应时，我明白自己应当尽量释放这种紧张情绪，试着让这种情绪通过我的身体转移出去。我认识的一位治疗焦虑的心理学家曾经告诉我，她会提醒病人，焦虑情绪就像是波浪，来了之后会自行退去。所以她建议，与其试图阻止或封住它，不如试着让它通过我们的身体。有时我会离开表演舞台，四处走一走，抖动一下双手，做几次深呼吸，做做伸展运动。用力跳几次，我的呼吸就会改变，从那种急促的浅呼吸变成放松的深呼吸。活动一下身体能把能量和血液从头部输送到身体各个部位。做这些活动的时候，我的身体已经准备好表演，恐惧情绪就会逐渐转变为兴奋情绪。

紧张时，活动一下身体也能让你显得更放松，能够让你为各种表演做好更充分的准备，比如向客户做重要陈述、同老板会面、参加面试或网络会议，无论出镜还是不出镜。最近，我培训了一批高管，当时他们要分角色表演一次重要的谈判。我看到他们中很多人眼睛乱眨、面部抽搐、身体颤抖、强装笑脸、眉毛乱抖。我让这些演员活动一下脸部——先尽量把脸张开，之后尽可能把脸紧缩成一团，之后放松面部肌肉，如此一来面部抽搐就都消失了。我认为，热身运动的魔力之一是它有助于把注意力集中在表演或行动上，不再纠结于自己的感觉。一般来说，热身运动能帮助你从担心自己演得如何的焦虑中解放出来，这样你就能专注于做更重要的事情。

预先演练。任何活动几乎都是熟能生巧。这是因为一次又一次地反复练习某个期望的行为会把它变成一种习惯，或者心理学家说的“优势反应”。有关社会促进的研究发现，在所有活动中，他人旁观往往会增加优势反应出现的可能性。所以在有观众之前预先演练一下这种反应是很重要的。否则，你将不得不依赖于其他那些不太有用的习得反应。

如果被触发的习惯是正确的，那么观众的出现可以提高各类表演的质量。例如，经验丰富的运动员往往在观众面前表现得更好，因为焦虑是体力的来源，更重要的原因是，有经验的运动员（以及其他表演者）知道当焦虑出现时应该把关注的重点放在哪里。与之相反，缺乏经验的表演者往往会被观众吓到，因为他们不知道该如何处理焦虑情绪。在这种情况下，观众的出现会让事情变得更糟。

并不只有演员和运动员需要准备好释放焦虑情绪。对所有专业人士来说，特别是那些在高风险情况下负责保护他人安全的专业人士，演练是一种必要的训练方法。警察、消防员、急诊科医生，以及越来越多的教师都需要知道，当肾上腺素开始分泌时，他们应该把注意力放在哪里。警报响起、恐惧袭来时，他们需要立即采取行动。急救人员需要迅速赶到现场，冲入燃烧的大楼，以及各种可能的灾难现场，准备拯救生命，而正常的本能反应是逃之夭夭。马萨诸塞州阿灵顿市的警察局局长弗雷德·瑞安讲了这样一件事：作为警官，他经历的最恐怖的一刻是接到一起严重车祸的报警电话。他说："我不想去处理这一案件，但是肾上腺素起作用了。人们指望你迅速做出反应，我必须挺身而出。"

在所有活动中取得最佳成绩的关键都是练习，但练习不仅仅是让你的演讲、幻灯片或台词变得更完美，更重要的是让你能更好地扮演自己的角色。我们大多数人在学习时都注重练习，使用权力也一样，练习得越多，做起来就越容易、越自然、越熟练、越习惯。这需要培养肌肉的记忆能力，通过常规性活动来管理你的注意力、心态和身体。

大多数人在为聚光灯下的重要时刻做准备时，主要关注的是他们要说些什么。在出席重要场合讲话之前，我会连续多个晚上辗转反侧，脑子里不由自主地会闪现出各种词语——有些完整连贯，有些则生硬突兀。相信我，这不是最有效的准备方法。我发现，更好的办法是站起身来，穿上表演那天要穿的服装，准备好道具（笔记本电脑、激光笔、幻灯片翻页器），边说边四处走动，让自己的身体熟悉、融入你要讲的内容，让它有机会展现自己。

通常，在培训演练时，我坚持让我的培训对象演练开场后 30 秒内的状态：进入房间或走上舞台，拿起麦克风，同时与现场其他人打招呼，让现场安静下来，拿张椅子坐下来，或者欢迎其他人参与进来。如此一来，他们就学会了很多表演技巧，比如不慌不忙地处理道具，在开始讲话之前淡定从容地坐下来，练习讲话时双手的姿态，这样就不会显得手足无措，等等。预先演练这种方法可以疏导紧张情绪，避免出现某些意外情况，同时也可以培养自己的乐观心态，相信结果肯定会令自己满意，并且可以向自己证明完全有能力做好分内之事，可以处理好即将发生的任何事情。

在最优表现研究领域中，极致表现被称为心流，其实质就是行为人自我陶醉于时间、空间和行为的一种体验。心流是自我意识的暂时缺失，是演员梦寐以求的状态。要想达到这种状态，你就需要学会控制注意力的去向。

摆脱自我意识。无论在舞台上还是在生活中，展现权力时我们自身肯定会成为关注的焦点，我们会感觉自己暴露在聚光灯下，对观众非常敏感，会想象所有的眼睛都在上下打量着自己。这再自然不过了。从本质上说，表演焦虑是一种自我意识的反应。在这种时候，要想继续演出，唯一的办法就是忘记自我。掌控舞台、掌控现场、克服此刻焦虑的关键是要投入其中，完全投入其中，不要去想你的外表和感觉。

要摆脱自我意识，可以选择关注自己之外的事物，也就是说，要把注意力集中在内在自我以外的事情上，不要留给自己胡思乱想的空间。事实上，把注意力转移到外界事物上被广泛认为是缓解各种焦虑的有效方法，其根本就是要学会控制注意力的去向，并尝试练习做一些需要你全情投入的事情，比如感受微风拂面、聆听房间里的风扇声，或者聆听大海的声音，等等。

表演时，不要将注意力集中在那些容易分心但无关紧要的事情上，而要学会将注意力转移到现场其他演员身上。这是一些演员克服怯场的方法，我也一直在使用类似的技巧。如果我开始感到恐惧、焦虑或不知如何表演，就会把目光转向正与我演对手戏的那个人身上，盯着对方试图看清一切，就好像试图用自己的眼睛来倾听，把所有的注意力放在对方身上。我会带着好奇而不是评判的心态一边仔细观察，一边问自己："这个人表演得怎么样？接下来会怎么样？"

还应当记住一点，那就是大多数情况下别人其实对你并不感兴趣，人只对自己感兴趣。我们往往会高估别人对我们的行为和外表的关注程度，这种感知上的偏见被称为聚光灯效应，这种情况一直都存在。在我被当成"祸水红颜"的绯闻传出以后，我的一位名人朋友主动与我分享了一句颇具哲理的名言："你需要记住的是，大多数人大部分时间里心中想的只是他们自己。对你，他们最多会想 4 秒钟，然后又开始考虑他们自己的问题。”

坦然接受恐惧。迈克尔 · 鲍威尔被邀请加入联邦通信委员会（以下简称 FCC）时，只有 34 岁。作为美国前国务卿科林 · 鲍威尔的儿子，迈克尔参加了美国陆军，大学毕业后的第一份工作是在德国安贝格第二装甲兵团第三中队担任装甲兵排指挥官。24 岁时，他在一次训练事故中受了重伤，从一辆吉普车中被甩了出去，之后整个人又被倾覆的吉普车压在车下。他花了一年多的时间康复，之后就退役了。迈克尔在国防部工作了很短一段时间，后来去法学院进修，在司法部谋得了一个职位。当他接到比尔 · 克林顿总统的电话，邀请他加入 FCC 时，迈克尔有些意外。然而，作为一个雄心勃勃、才华横溢的年轻人，他无法拒绝这样一个机会，因为他从小就立志要报效祖国。

一天晚上，我遇到了迈克尔，当时我俩都要在有线电信妇女组织（WICT）举办的一个活动上发表演讲，我演讲的内容是关于如何进入权力中枢。当晚活动结束后，他没有马上离开，而是一直等到清场，找到我向我讲述了他的故事。迈克尔告诉我：“受邀加入 FCC 时，我十分紧张，因为我觉得自己太年轻，担心资历太浅，十分纠结是否应该接受这份工作。”最后，他承认，他的父亲介入了这件事。“他说，‘孩子，你要知道，有时别人比你更清楚你自己的能力’。”

这是一个典型的例子。显然，迈克尔在担心自己生命中需要做的重要事情，需要扮演的重要角色，担心自己无法达到父亲的高度，毕竟，从前四星上将一路升到参谋长联席会议主席，这可是一个相当高的标杆。与此同时，迈克尔自幼在军人家庭长大，总觉得有责任做一些有意义的事情，应当努力解决重要的社会问题。他说：“我自幼接受的传统教育就是要为公众服务，要勇于担当，而且我是由一位四星上将抚养长大的。被委以重任时，你需要承担巨大的责任。你要清楚，这个职位不是为你个人准备的，而是为了服务于美国人民的利益。这是一个神圣而光荣的传统。”

最终，他对服务的渴望战胜了他的恐惧。迈克尔在描述自己如何克服内心的冲动并鼓起勇气扮演权力角色时这样说道：“我当时坦然接受了这种恐惧，敢于承认自己仍有很多东西不了解。我希望能为民众服务，希望自己出类拔萃。我心中清楚，要想做到这一点，我需要高人指点和辅导……这是一次极佳的学习机会，我周围所有人都可以当我的导师。”他不再为自己不懂的东西感到羞愧，而是开始积极地加强学习。迈克尔回忆说：“我发疯一样地读书，因为我心中明白，只有准备充分，才能充满信心。你做得越多，就会变得越自信。”

这不是迈克尔第一次感到没有为工作做好准备。他说：“这也不是最后一次。现在我把握这样一条原则，如果你面临两种选择，那就选择让自己感到恐惧的那条路，因为它能让你竭尽所能为民众服务。恐惧能让你全力以赴投入工作，担心自己表现平庸。”

迈克尔以自己的实际行动向我们证明了这一点。上任不到三年，小布什总统就任命他为 FCC 主席。迈克尔力排众议，坚决维护消费者利益，推出了一系列大胆、彻底的改革，使有线电视行业大为改观，极大地提高了 FCC 的利润。他把自己的表演焦虑转化为行动，从而能够利用他所扮演的角色的权力获得前所未有的影响。

迈克尔在不知不觉中练就了高超的表演技能。他坦然接受恐惧，并以此为动力，全力以赴。他把自己扮演的角色看成一种责任，而不是一种荣誉或是对他人格的评价；他把重要角色掌握的权力看作解决他人问题的机会。

迈克尔·鲍威尔并不在乎自己能否赢得赞许，而是专注于自己对国家担负的责任，这使他摆脱了焦虑情绪。他说：“我认为一定要有主见，一定要有所作为。我认识的很多人在工作中小心翼翼，墨守成规，不敢越雷池半步。如果没有明确的目标和方向，你就会受制于身边的每一个人；如果没有系统的工作计划，你就只能处处被动，节节退败。我认为这比有计划更可怕。当时我知道我们要做什么。”

迈克尔扮演角色的方法证明了伦敦大学政治学教授戴维·麦克利兰的观点：“对于那些有强烈权力动机的人来说，除了自我提升，他们还要有同等强烈的实现其他目标的需求。”麦克利兰关于位高权重者有效表现的研究体现的正是这两种需求之间的平衡，即对权力的渴望和对成就的渴望。

选择爱。美国著名主持人奥普拉·温弗瑞在斯坦福大学的一次演讲中说：“实际上，只有两种情感比较重要，那就是爱和恐惧。在一生所有的行动中，你不是朝着爱的方向前进，就是朝着恐惧的方向前进。为了让生活充满意义，你必须选择爱。”行使权力也是如此。

患有表演焦虑的人格外需要他人的赞许和认可。但我们常常认为，渴望被人喜欢和讨人喜欢是一样的。当然，问题的关键是别人认为我们有多喜欢他们。丹·克莱因告诉我，他在教八年级学生时明白了这个道理，尽管过程有些苦涩。他说：“我真心希望他们能喜欢我。”但学生们感觉到了他的恐惧——害怕学生不喜欢自己，于是有恃无恐，夸大了权力的影响。为此，他纠结过一段时间。有一天，他思考了一下自己扮演角色的方式以及这样做的目的。他发现，“我希望你们喜欢我”这种表现不会对收到这一信息的当事人产生任何影响，而“我真的很喜欢你们”这种表现的效果则要好很多。

为了更好地使用权力，我们需要表现出善意，（必要时）要认可、赞许对方，并向他们保证我们关心他们，尽管事实上我们担心的是我们自己。怎样才能做到这一点呢？首先，你要注意观察自己脸上带出的是哪些有关表演的矛盾情绪。感到害怕时，我们看起来往往严肃、冷漠，寡言少语；而在想到积极的结果时，我们往往看起来快乐、友好。真诚的微笑能够产生强大的感染力，哈佛商学院传奇教授迈克尔·波特想必也注意到了这一点。他过去常常在每个班级第一堂课备课笔记的右上角写上“微笑”这个词，提醒自己要带着爱来上课。作为全球商学院圈子内的大咖，波特明白，处在聚光灯下时，人们会注意观察你的一举一动，寻找你对他们的感觉。

鲍勃·乔斯成为西太平洋银行的首席执行官后，惊讶地发现，他在大厅里与员工们擦肩而过时，他们都在观察他的情绪和精神状态。如果他一言不发、眉头紧锁，或者看上去心神不定，手下人就会觉得他很冷漠，不关心员工，也不关心公司，担心是自己惹他不高兴了。于是，乔斯开始注意这些细节——在走廊上遇见员工时和他们友好地打招呼，注意自己的角色身份。他努力展现自己的活力、兴奋和热情。他说，他走路时尽量让步子轻盈，不再是那种四平八稳地迈步。他觉得自己必须每天都表现得情绪高涨，即使内心并非如此。他说，他从扮演重要角色中学到的是，“真实地表现自我并不重要，重要的是发自内心地关心他人。如果你真的关心对方，那一切就水到渠成”。

我热爱教学，喜欢与学生互动。大部分学生都充满求知欲，渴望学习。我喜欢“用新的方式看待事物”带来的那种兴奋感。但我在备课时也心存恐惧，总是担心那些我还不了解的学生会不喜欢我，或者可能把我从讲台上轰下去。

在教书生涯的早期，我注意到每当在课堂上感到有什么事情没有完全按照我设想的方式发展时，内心总是疙疙瘩瘩。我会没完没了地反思，经常小题大做，结果却总是无济于事。正是这种难以释怀的压迫感——感觉自己课讲得不够精彩，表达不够清晰，忘记分享重要的内容——让我无意中冒犯了他人。我会念念不忘那个似乎充满敌意的学生，脑子里一遍又一遍地重复出现那张皱着眉头、面露不悦的脸，想知道接下来还会发生什么，还有多少人暗地里在攻击我。恐惧占据了我的全身，影响到我再次走进教室时的心态，我感觉自己像是在奔赴战场，准备开战。

有一天，我突然意识到我的担心没有任何作用。我不仅与现实脱节，还在课堂上表现得比较冷淡。如果能对学生们热情一些，效果会好得多。但遗憾的是，我的身心充满了恐惧和焦虑，这是敌意的先兆。在教学中，肯定是“种瓜得瓜，种豆得豆”。

在 80 分钟的上课时间内，我表现得不够开放、大度，没有表现出渴望与学生共同成长，尽管这不难做到。更糟糕的是，我在积极地破坏对自己真正热爱事情的天生热情。有一天，当那张皱着眉头、面露不悦的面孔再次出现在我的脑海中时，我在绝望中决定不再去想它，转而开始想另外一个学生的笑脸。这个学生显然很喜欢我的课，觉得我十分有趣。他被课堂内容打动时，都会提一些很棒的问题，并与大家分享。这让我感觉好多了，于是我坚持这种做法——在每节课前花几分钟积极思考，回顾以前课堂上的精彩瞬间。我想到了那些全情投入的学生，他们带给我太多的惊喜；我回忆起一些正面反馈的例子，想起了好几次亲眼看见某个学生恍然大悟的情景。我试着提醒自己关注这些方面，把教与学当成有趣的游戏。

我强迫自己去思考那些能激发我教学热情，而不是让我身心疲惫的东西。这是我作为一个教育工作者的人生转折点。即使到了今天，它也未必总会自然而然地出现，但却能让我避免再犯低级错误，而且操作起来不是很难。演员想要在扮演重要角色时表现出温暖和关心，同时表现得真实可信的方法有很多，选择爱而不是恐惧就是其中之一。千真万确。

关注当下，保持沟通。感到尴尬、没有安全感或无助时，与听众沟通是关键。看完帕蒂·史密斯关于她怯场经历的文章后，我又看了她的表演视频。起初，她在演唱时站得很“死”，几乎一动不动，眼睛盯着地面，手臂僵硬地垂在身体两侧，心思显然全部集中在内心。6 分钟之后，演唱暂停，响起了一段吉他演奏。在此间隙，她听到了音乐。她抬头望向观众，脸色柔和起来，仿佛第一次看到他们似的。她开始为他们唱歌，开始摇摆身体，张开双臂，一边演唱一边向人群伸出双手，与观众融为一体，与音乐融为一体，与她扮演的角色融为一体。这带给我很大的启发。

2016 年 4 月，在我的绯闻曝光 6 个月后，春季学期开始了，我不得不重新拿起教鞭，走上讲台。有 108 名学生被分配到我的三个班里，另有 100 多名学生在候补名单上。他们中有些人肯定看过有关绯闻的报道，但我认为他们不会有什么印象。我不认识他们，他们也不认识我。他们会觉得我是个什么样的人呢？另外，我不知道第一天的课堂上还会出现什么人，记者们以前曾偷偷溜进教室，当时把我吓坏了。

但这一次，我知道自己应当做什么。我必须把注意力放在学生身上。在那间教室上课的 9 个星期里，每一天、每一分钟，我都必须时刻关注我的学生。我不想证明自己，不想让他们喜欢我，也不想让他们觉得我是值得他们尊敬的好人。我只想关心他们，了解他们的学习情况，确保他们在可能出现的尴尬局面中能感到放松，并提供一些我希望可能会对他们有所帮助或改变他们人生的东西。

开学第一天，我很早就到了教室，站在讲台上，等学生来上课。站在那儿我感到有点儿孤独，于是我走下讲台，坐在学生的椅子上。第一批学生进教室时，我站起来，向他们走去，和他们握手。这完全是一种自发的反应，感觉相当自然。我和每个学生握手，同每个学生打招呼，看着他们，听他们报上自己的名字，努力记住他们的名字。我把全部注意力都放在了他们身上。

我不知道他们当时的想法和感受，但对我来说，这种感觉很特别，仿佛全身都充满了力量。

第四部分

停止
滥用权力

第 7 章

警惕权力腐败现象

滥用权力很容易成为头条新闻，因此，我们非常清楚权力使用不当意味着什么。得到权力者本应利用手中权力实现团队目标，但若以权谋私，尤其是为了一己私利牺牲集体利益，那显然就是在滥用权力。目前，大家尚不清楚滥用权力发生的时间和原因，也不知道我们对此能够做些什么。

人们追求权力的方式多种多样，原因也多种多样，追求权力本身未必是坏事。研究表明，对权力充满强烈的动机是正常的，而且能够据此预测当事人是否具备高超的领导能力。但是，如果因为想要显得更强大，想要变得更强大，而把追求权力本身作为目的，那结果可想而知。行使权力时如果根本不考虑自己扮演的角色的责任，或者根本不想为他人解决问题，肯定会导致滥用职权和腐败的行为。

权力滋生了腐败？

我从未见过戴夫·麦克卢尔本人，但很钦佩他的坦诚。麦克卢尔自称是来自西弗吉尼亚州的乡巴佬，他说自己大学“勉强”毕业，在硅谷“误打误撞地”奋斗了25年多。麦克卢尔在许多舞台上都扮演过重要角色。2010年，他与人共同创办了一家名为500 Startups的企业加速器兼孵化器，旨在吸引胸怀大志的非美籍白人男性企业主。麦克卢尔认为，通过将自己的公司打造成女性及外国公司创始人的前进加速器，他可以抓住那些最容易被忽视的人才。他认为，由于社会偏见，市场低估了女性及外国创始人的价值。截至2017年7月1日，该公司的承诺资本超过3.9亿美元，并在全球范围内投资了1 800多家科技初创企业，其中50家创始人成功地将公司出售谋利，有些利润高达数亿美元。然而，就在那个7月，麦克卢尔宣布他将辞去该公司首席执行官的职务。

在宣布辞职的书面声明中，麦克卢尔解释说，在与高级管理层“艰难对话”之后，他将把公司移交给联合创始人克里斯廷·蔡（Christine Tsai）。这些对话的主题在当时尽人皆知，因为就在前一天，在《纽约时报》一篇报道硅谷性骚扰指控的文章中，麦克卢尔被列为涉事高层之一。

起初，麦克卢尔一直在为自己辩解：“我做错了什么？”但最终他承认，在许多精明、有潜力的女性企业家试图与他合作时，他曾多次向她们提出性要求。他最后承认说："我曾利用工作之便对多名女性示好，这显然是不恰当的。我当时没有过多考虑那些被我伤害和冒犯的人的感受，也没有正视自己粗鄙的动机，而是在为自己的行为找借口，想方设法把责任推到他人身上，没有自我反思……不知不觉中，我丧失了应有的立场。"

值得肯定的是，他承认了自己的错误。但如何解释这种事情呢？为什么位高权重的人会忘记是非界限？是什么驱使麦克卢尔改变了初衷——创立并经营一家企业，其宗旨是帮助女性企业家获得权力和机会？

这些问题由来已久：权力会滋生腐败吗？如果真是这样，原因何在？我们其他人能为此做些什么呢？

我自己为权力心理学的研究提供了一些线索。在实验中我们发现，如果赋予普通人比其他人更多的权力，或者即便是暗示他们想象自己大权在握，他们多多少少都会丧失应有的立场。在头脑中没有权力概念的情况下，我们在社会上为人处世时会小心翼翼，秉持所谓的自我监督，尽量远离麻烦。我们会恪守本分，根据具体情况，先考虑给他人造成的后果，再决定是否追求自身利益；可一旦大权在握，我们的个人目标就会占得上风，从而忽视他人的福祉或观点。

有些人认为权力是万恶之源，滥用权力是对个人利益的自然反应，这一点在人类进化过程中被打上了深深的烙印。这种思维方式表明，有权力的人之所以行为失当，是因为他们有能力这样做。人只要掌握了权力，最终都会不可避免地堕入这一行列。例如，对大多数男性来说，他们最主要的动机就是性欲，因此只要有可能，他们会逮住任何机会和别人发生性关系，根本无视具体情况。

这是阿克顿勋爵提出的“权力会导致腐败”的假设，意思是说权力能把所有人都变成极度享乐主义者。有大量的例子证明上述假设，但在职业生涯的大部分时间里我都在阅读、撰写、研究和教授有关权力的内容，所以并不认同。权力有时的确会滋生腐败，这方面的例子有很多，但滥用权力并非不可避免。当使用权力的机会出现时，权力可以使人们更有可能去实现最显著的目标。

权力的影响

抑制解除。1998 年，离开在西北大学的第一份学术工作，到来斯坦福大学任教之前的那段时间里，我花了一个学期的时间去加州大学伯克利分校拜访心理学家达彻尔·凯尔特纳，寻求联合研究项目。那一年正赶上厄尔尼诺现象，我租住在一间由车库改成的公寓里，几乎每天早上水都会淹进来，必须穿雨靴才能下床。不过没关系，因为那是我职业生涯中最美好的一段时光。我们俩约好每天在当地的某家餐馆共进午餐。吃饭的时候我们尽量表现得轻松随意，试图找到一个理想的研究项目。有一天，在一家墨西哥人开的餐馆里享用大个的玉米卷饼时，达彻尔给我讲了他十多年前在研究生院做过的一个实验，该实验从未公开过。

当时，一位教职员工吃相很难看，达彻尔和他的同学安德鲁·沃德出于恶搞的目的，设计了如今被研究人员称为“饼干实验”的一个项目。这一实验测试的是权力对礼貌和礼仪的影响。在实验过程中，大学本科生被随机分成三人一组，要求他们依次讨论一长串有争议的大学政策问题，并就每个问题写一份小组立场陈述。

然后，每组有一名学生被赋予一个特殊的角色：给另外两名同学的表现打分。这些分数不仅仅是一张成绩单那么简单，它会影响参与者中得400美元奖励的机会（分数就好比是抽奖券，得到的分数越高，在随机抽奖中获胜的概率就越大）。这名被赋予特殊角色的学生在此扮演的是法官的角色。换句话说，他被赋予了控制其他人结果的权力。

每组学生聚在一起，分享他们的观点，撰写他们的立场陈述报告，整个过程都被录了下来。实验进行到大约30分钟的时候，一名实验室助理拿着一盘饼干走进房间，确切地说，一共是四块饼干，交给学生们。这是一个设计巧妙的干预活动，一方面提供诱惑，另一方面引出礼仪规范主题。三个组员每人都可以分到一块饼干，但剩下的那块饼干怎么分呢？把盘子里最后一块饼干拿走是不礼貌的，因为你拿走别人就没的吃了。要想表现得举止得体，你不仅需要为同组其他人着想，也需要自我控制能力。

研究人员在计算谁吃了多少饼干时发现，在所有小组中，被分配担任法官角色的学生更有可能无所顾忌地享用多出来的这块饼干。这一结果表明，拥有权力要么增加了他们的食欲，要么削弱了他们控制欲望的能力。

达彻尔讲完他的这个实验，我们立即找到了研究课题。闪念之间，这个简单的想法——权力可以解除抑制，似乎解释了当时我们认为有关权力的一切有趣之处。从那以后，我和他（有时合作，有时独立，偶尔也会有其他人员参与进来）进行了许多研究，发表了很多篇论文。我们的研究结果表明，人在掌权之际，或者在被要求从掌权者角度考虑问题时，更容易随心所欲，以对他们最有利的方式获得满足个人需求和欲望的各种好处，不太关心其行为造成的社会后果。例如，与手中权力较小的人相比，手中权力较大的实验参与者更墨守成规；他们更有可能在实验室里重新布置设备，使自己身体感觉舒服自在；他们会表现得更有创造力，因为他们较少受到先例或他人想法的影响；他们更有可能在想到性行为的时候，对与一个魅力值高但能力一般的同事一起工作表现出兴趣。因此，权力是否会导致腐败，以及如何腐败，取决于使用权力的机会出现时，最紧迫的目标是什么。

物化。滥用权力的表现总是剥削他人。人一旦有了权力，比如麦克卢尔，对待他人的方式就会发生变化。我们发现，在实验室里被赋予权力的人，更有可能把手下看作实现其个人目标的物品或工具，而不会把他们当成人来对待，不会在乎他们的感情和体验。

麦克卢尔和许多身居要职的人一样，有时会利用自己的角色谋取私利，而不是自觉担负起该角色应当承担的责任。他表面上扮演着投资者、顾问和导师的角色，实际上是利用这一角色引诱女性，让自己可以（或者自己感觉可以）对她们为所欲为。当然，他希望能够提高业绩，但他的行为暴露了他的真实意图。麦克卢尔也在寻求验证自己的性能力。他有钱有权，这些女人渴望以各种方式取悦他。假如他没钱没权，她们就不会这样。麦克卢尔手上握着所有牌，但他仍然表现得好像他最需要的才是最重要的。

人一旦出现抑制解除，同时对自己的性能力缺乏安全感，下属就会被当成性对象和验证性能力的工具。如果上级的不安全感主要与社会地位有关，那下属就会被当成上级地位的象征。下属的作用就会变成凸显上级的社会地位。汽车、手表等附属物件最重要的作用是反映其主人的地位和权力。

我能想到的最痛心的例子是 2019 年初爆发的美国大学入学考试招生丑闻。有钱有势家庭的孩子已经因为自家经济实力带来的许多特权占尽优势，但他们的父母还是争相贿赂高校管理人员，争取让孩子进入各大名校，无论自身条件合格与否。这些孩子在大学录取过程中已经占有很多优势，例如，不必考虑上大学的费用；有些学生毕业于令人羡慕的知名大学预科学校；他们有条件接受标准化考试、大学论文写作、体育活动或其他课外活动的辅导，提高入学考试的分数；他们的父母也可能给学校捐了钱，但是父母对自己的孩子能否被名校录取依然非常担忧，以至觉得必须违规操作。

在外人看来，这样做似乎有些疯狂：为什么这些家长（他们的孩子凭自己的努力，也能考上不错的大学）会冒如此大的风险来控制招生结果呢？我猜，他们可能是担心如果自己的孩子上不了精英大学，他们自己的地位会产生变化。可悲的是，这些孩子变成了物品，成了他们父母不安全感的发泄对象和受害者。一些孩子根本不想上大学，有一些想上，但现在已被开除，还被贴上了作弊者的标签。我相信这些父母是想帮他们的孩子，不想伤害他们。但当你拥有权力、对自己的地位缺乏安全感、想利用他人——甚至是你爱的人——来实现个人目标，不考虑最终可能付出的代价时，就会发生这种情况。

物化有不同的形式，取决于掌权者的需要。对欺凌和骚扰的研究表明，当老板们感到无能为力或丧失了影响力的时候，事情很快就会变糟。

2017 年，我与梅丽莎·威廉斯（现为埃默里大学教授）和露西娅·吉约利（现在硅谷一家公司担任招聘主管）共同发表了一篇有关权力与性侵的论文，有力地证明了上述观点。我们走访了年龄在十八九岁到六十多岁的男性和女性，询问他们长期经历的权力感和无力感（也就是询问他们在生活中感到有多强大或多无力）。两周后，我们让他们看了一些场景，要求他们想象一下在这些场景中自己的性趣被下属拒绝后，他们会做何反应。在所有 5 次研究中，被要求想象自己大权在握时，那些报告自己在生活中长期感到无力的男性和女性，对拒绝他们求欢的下属表现出了更大的敌意。在以前的研究中，我们发现权力会吸引人们去追求有用的目标，但在这里，我们证明了权力可以抑制对那些没有利用价值的目标的攻击。他们会随时刁难不愿合作的下属，而在一些情况下，他们更有可能在工作中采取报复行动（例如，在推荐信中诋毁或歪曲下属）。

在一个实验中，我们设计了一项任务，让被分配到扮演主管或同事角色的男性有机会在网上向女性发送性暗示信息。这些男性是我们在亚马逊劳务众包平台（AMT）上招募的，表面上是参与一项关于人们对在线客服平台上呈现信息的记忆方式的研究。双方以虚拟身份在网上见面，实时聊天。当男性参与者登录实验用的网站时，他们看到的是一位女性的全身像，我们将其设计得年轻貌美、妩媚动人。参与者不知道的是，这一女性头像是由实验组成员控制的。也就是说，她为我们工作，知道接下来可能会发生什么，因此在实验中没有女性会真的受到骚扰。每个男性参与者都设计了自己的头像，然后（根据我们提供的信息）发送信息，让对面的女士自己“体会”。在所有 20 次实验中，每个参与者从我们提供的三个信息选项中选择一个发送。在 20 组信息中，有 16 组包含两个中性信息选项和一个带有性暗示的信息选项（例如“你今晚想和我干什么”），在剩下的 4 组实验信息中，所有的选项都是中性的。

我们原以为，这些带有性暗示的信息太直白、太过分，担心没人会发这些信息，但事实证明我们多虑了。平均而言，参与研究的大多数男性都至少发出了一次性暗示信息。但那天是否掌握权力对实验结果并没产生多大影响。那些被分配扮演主管角色的参与者发送骚扰信息的次数并不比那些扮演同事角色的参与者多。相反，火力全开、发送更多不恰当的带有性暗示意味信息的，是那些在实验之外的生活中没有权力的男性“主管”。而那些感觉自己在实验之外更有权力的男性，在被分配到扮演主管角色时，实际上不太可能发送骚扰信息。恰恰相反，掌握权力之后，只要他们觉得自己在其他方面已经很强大，就会表现出更负责任的样子。

权力。有时，掌权者可能表现得好像他们可以为所欲为，好像他们应该得到想要的东西，就因为他们想要得到。在实验室之外，这种权力故事一直在我们周围上演：那些不纳税的富人，那些认为自己凌驾于法律之上并可以为一己私利暗箱操作的腐败政客，那些认为自己有权与进入他们势力范围的任何女人发生性关系的媒体巨头，等等。

我最喜欢的（也是比较温和的）例子之一是，有些极为富有、在其他方面无可挑剔的食客在饭店点菜时会点菜单上没有的食物。他们来到饭店，坐下，不看菜单，用无比欢快的语气对服务员说："今天晚上给我来一条上好的烤鱼，再加一些新鲜的香料。厨房里有香瓜吧？"他们没有意识到自己正在偏离脚本，即便是服务员在一旁支支吾吾，没有给出明确的答复。强势的客户似乎没有情境意识（这就是我家，我想吃什么大厨就得给我做什么!），因此他们不会调整自己，也不会遵守规则。时间久了之后，掌权者会习惯权力带来的好处，认为他们随时随地都可以享用到这些好处。当掌权者在不属于自己权力范围的场合（比如在饭店里，负责食材的是大厨；再比如在车辆管理所，无所谓有没有钱或地位）享受不到特殊待遇时，他们会表现得不依不饶，质问对方："你知道我是谁吗？"这些人眼里只有自己当下的欲望，理所当然地认为其他人都要迎合他们，这大概是因为在他们自己的生活圈子里，已经习惯了这种待遇。他们不会试图从不同的角度看问题，不会认为富人在车管所没有特殊的地位或权力，不会自我控制，不会感到尴尬，也不会道歉，而自我控制、尴尬、道歉等都可能表明他们认识到自己的要求超出了应有的限度。

说得极端一点儿，权力会让有权有势的人觉得自己是其他权势低于自己的人的"主人"，这意味着他们有权通过任何必要的手段来控制那些人。在一些专家看来，这种思维方式导致了家庭暴力案件中使用情感暴力和身体暴力。

《他为什么这样做？》（*Why Does He Do That*？）一书的作者、虐待康复专家伦迪·班克罗夫特认为，家庭成员间的身体暴力（通常是由男人实施的）与其说是因为失去控制或抑制解除，不如说是源自一种根深蒂固的观念，认为使用身体暴力和恐吓是一种合法手段，完全可以用这种方式来控制女性（或配偶、恋人和其他家庭成员），使其从属于自己。班克罗夫特指出，在家庭暴力中，男性施虐者（他们效仿的往往是虐待自己母亲的父亲）认为，女性不如男性，她们就像孩子一样，都是属于自己的财产，与其说是伴侣，不如说是宠物，这使得男性有权运用自己的权力让“他们的”女人听话。依据这种观点，暴力行为具有战略目的，属于恐惧控制模式的一部分，其目的是通过恐吓目标使其屈服。关于家庭暴力，班克罗夫特写道：“其根源是所有权，其主干是权力，其分支是控制权。”

如何区分恶棍和受害者？

有关虐待迫害的故事具有很大的主观成分。阿马里利斯·福克斯在一段火爆网络的视频中强调了这一点。她是中情局前官员，花了10年时间秘密调查恐怖主义。福克斯在接受半岛电视台采访时谈到了她从工作中学到的东西。她解释说，在美国和恐怖组织之间的冲突中，美国人认为恐怖组织成员都是坏人，为了美国民众的自由杀死这些组织成员。但是，福克斯在秘密调查时发现，伊拉克人和叙利亚人不这么看。在他们看来，美国人才是坏人，是对伊斯兰教发动战争的恶棍，是肆无忌惮的资本主义压迫者。她解释说，从基地组织的角度来看，他们自己是“威尔·史密斯”，而美国人是“外星入侵者”。因此，在权力之争中，人们常常搞不清孰是孰非。

当然，受害者和恶棍之间存在着权力差异。但从心理的角度来说，很难看出两者之间的区别。

许多滥用权力的人自己也成了受害者，而且受害方式和其施害方式几乎完全相同。心理学家越来越认同这样一种观点：如果孩子严重缺乏父母的关爱和安全的亲密关系，不认同自我能力，那么他们在成长过程中的不安全感会更强烈。只要看到能满足他们需求的机会，他们就会立即抓住它。同样的需求——促使我们追名逐利、追求控制、索要情感甚至验证性能力的需求，往往也会影响我们如何使用已获得的权力。

三种虐待角色

与地位、控制和性能力需求相关的不安全感似乎与这些需求本身密切相关——许多滥用权力的人似乎在所有这些方面都有需求。以“创造了拉斯韦加斯”的史蒂夫·韦恩为例。2018

年2月，韦恩被指控在过去几十年的时间里骚扰了几十位女性，他因而辞去了永利度假村主席和首席执行官的职位。据称，其中许多女性是被强迫的。

人们普遍认为，韦恩最大的功劳是将破败不堪且犯罪肆虐的拉斯韦加斯大道改造成了一个旅游胜地，在那里，只要愿意烧钱，任何东西都可以买卖。他建造了世界上最豪华的酒店和赌场，包括海市蜃楼酒店和百乐宫，据说他还把著名的齐格弗里德和罗伊魔术团队请到拉斯韦加斯表演。即使在韦恩下台、辞职、公司股价暴跌之后，他的身价估计仍在35亿美元左右。

韦恩是狂热的艺术品收藏家，个性不凡，以铁腕统治着自己的赌场帝国。据报道，他经常在开会时一边咆哮如雷一边用拳头砸桌子，威胁要把人解雇或撤职。据美国有线电视新闻网（CNN）和《拉斯韦加斯商业评论》报道，韦恩经常大声叫嚣："我是内华达州最有权力的人！"

但与那一代许多房地产大亨不同，韦恩不是含着金汤匙出生的。他的父亲迈克尔·韦恩是立陶宛移民的儿子，在史蒂夫刚6个月大的时候，迈克尔把自己的姓温伯格改成了韦恩。迈克尔经营着一家连锁的小型宾果游戏厅，经常去纽约北部和巴尔的摩检查连锁游戏厅的营业状况。"但让他经常离家外出的原因还有一个：赌博成瘾。"尼娜·蒙克在《名利场》杂志的人物简介中写道："只要迈克尔·韦恩能找到借口延长出差时间，他就会跑到拉斯韦加斯的特罗皮卡那酒店，趴在赌桌旁，把身上的钱都赌光。”迈克尔 · 韦恩去世时，他的儿子史蒂夫 · 韦恩刚从大学毕业。史蒂夫放弃了去耶鲁大学法学院深造的梦想，回家帮忙经营宾果游戏厅，偿还父亲赌博留下的巨额债务（将近 35 万美元）。

史蒂夫 · 韦恩就像许多滥用权力的人一样，不择手段地填补自己的不安全感。有时他们表现得像恶霸，有时像夸大狂，而且他们通常也是性掠夺者，经常利用妇女和儿童来满足他们那种极端的、近乎变态的需求，这种需求通常包含了情感、亲昵、支配和性满足。

恶霸。恶霸通常会使用权力来威胁和恐吓，以此维持控制权。恶霸经常声称这是让人负责的必要手段。研究表明，事实并非如此。

当某个控制我们结果的人表现得暴跳如雷，嘲讽、辱骂我们，对我们无法改变的行为、在我们无法纠正错误的时候提供“反馈”，那此人的目标一定不是想要帮助我们，尽管他告诉你他想帮助你。他之所以这样做，有时是为了发泄，有时是为了让我们替他的失败背锅。这种做法经常会破坏我们的自信，暗示我们表现拙劣、一无是处、愚蠢可笑，让我们心生依赖、感恩戴德，暗示我们不可能在别处获得更好的待遇。

这种“反馈”是一种策略、一种权术，旨在将不安全感从源头转移到目标身上，试图从精神上打击目标，以此维持权力和控制力。尽管表面上它被称为反馈或培养，但实际上这是一种心理战术。

以下是我刚开始写这本书时听到或目睹的一些职场欺凌故事。一个老板试图挑拨两个下属之间的关系，认为这样做他们就不能联合起来对付自己。老板故意偏袒其中一人，说她很出色，故意责备另外一人，说她永远做不好任何事情，并且拒绝在同一时间、同一地点接见她们两个人。还有一个老板把鞋脱下来，砸向一位怀孕 8 个月的高级主管。一位下属请求她的老板不要在见面时讨论过于私密的性行为话题，老板说她是假正经，并且说如果她无法在工作关系中更好地适应这种亲密行为，那么她的工作永远也做不好。恶霸式老板会为自己的行为辩护，说这是取得工作成效的必要手段。但现在你知道了，事实并非如此。

需要说清楚的是，恶霸式老板和严厉的老板是两码事。恶霸会利用自己的权力最大限度地加强控制，以此提升自己的地位；而严厉的老板是利用权力控制集体的结果，从而提升他人的地位。严厉的老板会设定很高但可以实现的标准，并让每个人都负起责任，而不是单独把某些人挑出来严厉对待，把属下分为三六九等。严厉的老板赏罚分明，勇于担当，不会把别人的成就归功于自己，把失败归咎于别人。严厉的老板提倡团结，反对分裂，对下属总是心平气和，直言不讳，光明磊落，不会当众发飙，不会当众动粗，也不会背后使绊子。

负面反馈总是让人感觉不舒服。但是，从严厉的老板那里得到的负面反馈很少会让人情绪失控。如果你的上司总是小题大做，动不动就批评、指责或贬低你；如果他看似喜欢批评你这个人，而不只是批评你的工作；如果他总是故意恐吓、羞辱或威胁你，那么“恭喜”你，你面对的不是一个严厉的老板，而是一个恶霸。

自大狂。有人为了满足自己对尊重、钦佩和权力的需要，会不择手段。他们的故事比小说都离奇，完全超乎你的想象。血液检测公司 Theranos 的创始人伊丽莎白 · 霍姆斯在斯坦福大学读大一时就辍学，创建了一个生物科技帝国。她声称这家生物科技公司将给医学带来革命性的变化。事实证明，这项技术从来没有起过作用，但她不肯就此罢手。正如约翰 · 卡雷鲁在其畅销书《坏血》（*Bad Blood*）中描述的那样，霍姆斯会严厉斥责那些敢于质疑她的员工，并迅速解雇那些感觉公司出现问题的员工。她经常身穿乔布斯钟爱的那种黑色高领毛衣，表情冷酷坚定，充满自信，吸引了许多精明强干、经验丰富的投资人、董事会成员、政府监管机构以及客户加入她的“现实扭曲力场”（reality distortion field，简称 RDF），他们都想从下一个苹果公司中分得一杯羹。但是，霍姆斯在这一虚幻的、毫无价值的工作上花费了投资人上千万美元之后，最终被指控欺诈。

如何解释这种行为呢？有时候，滥用权力是为了向不在自己身边的人证明自己的价值。常见的故事情节是这样的：某个著名的领导者通过不懈的努力奋斗，取得了巨大成就，从而向那位陌生的、不在乎自己或伤害过自己的父亲证明了自己的能力。那些选择竞争激烈的职业道路的人，比如企业家或政治家，他们能够在工作中独当一面，不必听从他人的命令，通常就属于这种情况。埃隆·马斯克、史蒂夫·乔布斯、拉里·埃里森、杰夫·贝佐斯以及玛莎·斯图尔特都是如此。

我想重申一次：追求权力或地位，以此证明自己，并不一定会导致腐败。事实上，研究（以及前面的例子）表明，对权力的强烈需求是有效管理、成功创业甚至杰出领导力的必要条件（但不是充分条件）。只有把对权力的需求视为生死攸关的事情、眼里只有权力和地位时，按规则行事才会变得困难。

任何一位雄心勃勃的企业家都会告诉你，试图把世界变得更美好时，为了正当目的可以不择手段，不惜一切代价。我经常听很多企业家说，他们在创建一家新公司时，感觉自己遭到了攻击，感觉是在为生命而战。他们觉得自己必须破釜沉舟，拒绝接受否定答复，最大限度地激发出周围手下的能量，让公司生存发展下去。取代特拉维斯·卡兰尼克出任优步首席执行官的达拉·科斯罗萨西这样描述卡兰尼克在优步公司的遭遇：这种“不杀死对方就会被对方杀死”的心态“在一开始是对的，也是必要的，但后来却引发了所有其他问题，最终导致卡兰尼克被解雇”。

对自大狂来说，每一次社交活动都是一次攫取权力、争夺地位的机会，可以借机提醒别人自己有多重要、别人多么需要自己、自己有多出色。达不到这个目的他们是不会罢休的。自大狂不能接受失败，甚至不能承认错误。他们把每一次成功都归功于自己，把每一次失败都归咎于他人。他们总觉得自己有权享受那些特权，即使他们实际并无这个权力。这种人凡事必须以自己为中心，并且必须让人觉得离了他地球就不转了。

花花公子。史蒂夫·韦恩表现出的行为类型——性行为极为频繁，但难以专情——被权力研究人员称为“唐璜症候群”。但与这个名字所暗示的（以及许多人相信的）相反，有权有势的男人长期的性行为不端和滥交并不能证明他有多么自大或自信。实际上，更合理的解释是，这是在权力带来机会时，为一种绝望的不安全感或压抑的挫败感寻求解脱的宣泄。

有时候，权力导致不正当性行为，那是因为身处高层，感到孤独。根据一些心理学家的说法，那些担心自己不迷人的男性掌权者会向他们遇到的每一个女人求欢。权力还会让人对他人靠近自己的种种理由产生怀疑，这就更需要测试一下其他人是否真的爱自己。也有一些时候，权力导致不正当性行为，那是因为另一种不安全感。社会学家用“不稳定的男性气质”这个词来描述在男性主导的世界里，需要不断测试和证明自己男性力量的社会压力。若使用权力是为了保持社会支配地位和优越地位，权力就和进攻联系在了一起。同样，使用权力若是为了获得支配地位和另一种形式的认可，那权力就和性联系在了一起。

2011 年 6 月，来自纽约的傲慢且好争论的国会议员安东尼·韦纳被逮了个正着。当时他用一个奇怪的假名卡洛斯·丹格，给一个他不认识的女性发送了只露出内裤的不雅自拍照。不出所料，这一丑闻立即成为全美新闻。没有人能理解，这位雄心勃勃、才华横溢的政客（曾经以超过 60% 的选票轻松赢得七届任期），为什么会如此轻率地发送这样一张照片，严重损害自己光明的前途。来自贝尔港的纽约人芭芭拉对此表示难以置信，打电话到当地的广播节目《布莱恩·莱勒秀》（*The Brian Lehrer Show*）。她在语音信箱里留言说："这些人到底怎么了？我很想了解相关的心理学研究，看看究竟是什么样的人总在解裤子拉链。"节目主持人莱勒需要专家来解释这一情况，于是他的制片人打电话给我。

当时节目的环节是"为什么政客们表现糟糕？"他们请我解释一下是什么原因导致政客如此频繁地陷入性行为不端的丑闻。我当时重点讲道，我们都有需求，都有不安全感，掌权之后我们会对需求和不安全感采取行动。

后来我又学到了一些新东西，对性和权力之间的相互作用（至少是在男性身上的相互作用）有了更细致的理解。对权力的需求和对性认可的需求有着共同的潜在动机。痛苦的不安全感（感觉自己不迷人、不受欢迎、软弱、无能或不被重视）会驱使人产生对权力和性认可的欲望。所以，拥有权力并不能使所有的男人更性感，但对有些男人来说，权力和性的概念之间有一种天然的联系，想到其中一个概念自然会激活另一个概念。对这些男人而言，拥有权力可以创造满足性需求的机会，而性行为可以满足对权力感的需求。有证据表明，这类男性比其他人更喜欢担任有权势的角色。对权力的强烈需求如果无法和其他更社会化的动机（比如对成就感或归属感的需求）保持平衡，那这种需求就预示着可能拥有强大的权力，但也预示着可能出现频繁的性活动（包括各种不当行为），无法控制冲动。

克林顿总统在任时与一名白宫女实习生有染，他几乎为此下台。起初他否认此事，但最后被迫承认了。我们后来得知，这已经不是他婚内第一次出轨了。希拉里·克林顿站在丈夫一边，从未退缩过，也为此受到了严厉的抨击。但后来在一次采访中，她解释了自己对丈夫的立场。她说，“他小时候受过虐待”，克林顿的母亲“很特别”。她没有讲太多细节，只是谈到克林顿的母亲抛弃了克林顿，把他交给一个瞧不起她的祖母照顾，然后又回来和这位祖母争夺克林顿的感情。希拉里说：“一个母亲做了这样的事情，孩子就会一直在错误的地方寻找虐待过他的父母。”

对爱、亲密关系、安全依恋和归属感的需求是人类社会心理发展最基本的驱动力之一。儿童时期对主要照顾人的安全依恋是心理健康的基石，也是发育成熟的基础。安全依恋能帮助我们坚定信念，认为我们自己可爱迷人，并能毫无保留地信任他人，坦然接受亲密行为和对他人的依赖，能让我们做出承诺，并把他人放在第一位。众所周知，养育子女的过程肯定是不完美的，所以大多数人（可能是所有人）在成年后都会有这样的疑问：我们是否足够可爱迷人？当一个人对归属感、亲密感、爱和性认可的需求长期处于高位时，几乎难以抗拒权力带来的机会。

对于那些寻求这种认可的人来说，他人表现出来的尊敬、崇拜和取悦的渴望也会令其陶醉。这就是为什么有些男人觉得别人的脆弱和顺从能激起他们的性欲。性唤起并不是与生俱来的，尽管听起来像是。唤起是对任何刺激的生理反应的总称。事实上，性冲动可能是在不经意间被唤起的。例如，斯坦利·沙赫特的经典研究表明，人们骑室内脚踏车或者预计会受到电击而在生理上被唤起时，很容易错估自己的感觉。在某些情况下，与不愉快事件有关的恐惧也会把人拉向彼此。

心理学家唐纳德·达顿和亚瑟·阿伦进行了一项著名研究，在加拿大温哥华，男性路人步行通过一座吊桥，一名女性实验者在桥的另一边等待他们。有些人走过的是摇摇晃晃的悬索桥，有些人走过的是坚固的石桥。潜在的参与者过桥后，实验者会手持一份简短的问卷走到他们跟前，要求他们根据一张素描写一个简短的故事。画中的女子一只手遮住脸庞，另一只手伸向前方。之后，女性实验者向回答问题的人表示感谢，把自己的电话号码写在问卷的一角，撕下来，交给他们，同时解释说如果有更多时间，会很乐意更详细地向他们解释实验内容。那些走过摇摇晃晃的悬索桥的男人把他们的生理唤起归因于性感觉，他们写的故事包含更多性方面的内容，他们报告说感觉对实验者一见钟情，很可能之后会打电话约她出去。

这些研究表明，性吸引力并不总是像它表现出来的那样，性骚扰也是如此。我们通常把性吸引、性强迫和性侵犯看作强烈情感的表达，但事实上，所有这些都可能是对伴随着焦虑、压力和恐惧而来的各种普遍生理唤起的反应。

如今我们在新闻中读到的性骚扰者，看起来并不沾沾自喜、乐在其中，也不像是肆意妄为、迷恋美色的花花公子。他们中的很多人都无法管束自己。有些人有恋物癖。他们对职业上充满希望、毫无戒心的年轻女性的性剥削都是有预谋的，甚至是变态的，让她们觉得似乎只有这一条出路。他们操纵、威胁，有时甚至下药迷奸或强暴那些对他们没有性兴趣的女人。自我感觉强大的人不会这么做，这么做的都是那些感到绝望的人。

第8章

勇敢拒绝，不再扮演受害者

大多数人都不得不在某个时候以某种方式与恃强凌弱的恶霸打交道。有时，恶霸不知道从哪儿就冒出来了——网上经常出现这种情况，某些人似乎暗中潜伏，时刻在寻找机会发起攻击。通常，恶霸会悄悄靠近你，先是赢得你的信任，你尊重他，让他在你心中占据重要位置，这样就赋予了他权力。最后，他会以你意想不到的方式利用这种权力来攻击你。这样的恶霸可能是上司、导师、教练、父母、兄弟姐妹、你心存感激并发誓要对其忠诚的朋友，或者你决心不惜一切代价去爱、去尊重、去珍惜的伴侣。

如果你曾被恶霸欺负过，就会知道被别人恐吓和攻击是什么滋味，你会对他们企图控制你的侵犯行为感到震惊。恃强凌弱的人会让你觉得自己是无能为力的受害者。但是被恶霸欺负并不意味着你只能扮演受害者的角色。扮演受害者其实就是接受了恶霸眼中的现实，表现得好像他有权力伤害你，并且相信你唯一的选择是努力讨好、取悦对方。

到目前为止，我们阐述的积极行使权力指的是勇于承担责任，使他人感到安全。但这一切都是在和谐的环境中进行的，人与人之间的关系比较正常。如果遇到滥用权力的人，把你变成牺牲品或者利用你的顺从和宽容，那么你可能需要改变策略。你不想伤害他人，但也别让他人欺负你。有时候，当别人给你的比你应得的多的时候，你要学会说“不”，把它还回去。

身处困境时，我们很难看到其他选择。但任何一个在欺凌中幸存下来的人都知道，我们有可能复原自己的生活，有可能通过行动实现权力平衡。

从很大程度上讲，与恃强凌弱的人斗争可以改变你自己的人生故事，掌控剧情发展，重新塑造自己的角色，可以让你鼓起勇气，找到方法，尝试新的表演方式。不管感到多么无助，你都可以通过自己的行动阻止虐待行为，解除恶霸的武装，挣脱狂妄自大者，或者摆脱任何其他类型的心理掠夺者。其中的关键是要扑灭恃强凌弱的人的火焰，不要在不经意间助长了他们的嚣张气焰。

第一步是要意识到，尽管你感觉自己陷入了困境，但总有选择余地。没有人有权力控制你——我们选择了给别人这种权力，也可以选择收回这种权力。没有人有权力决定你的人生、强迫你扮演自己不愿扮演的角色，或者命令你必须怎样做才能避免进一步受侵犯。没有人有权力推动所有的剧情转折、创造持续不断的剧情、执意认为你的人生是错误的，或者一边伤害你，一边坚称他们这样做是出于爱和关心。你的人生故事属于你自己。尽管事情并不总是这样，但我们都有权重塑自己的人生，相信自己的直觉，选择如何利用自己掌握的权力对付那些闯入我们生活的卑劣演员。

汤姆四十多岁，在一家私人金融服务咨询公司工作，是一名能力出众的专业调解人。他精通业务，有着二十年的丰富经验，并且善于交际，为人随和，待人接物彬彬有礼，深得客户喜欢。

但是，汤姆的老板对他百般挑剔，似乎汤姆所做的一切都是错的。首先是汤姆的口音。尽管大多数人几乎都听不出来，但在汤姆和客户通电话之前，他的老板时不时就会蹦出一句："你能不能不要用那种口音说话？"

还有就是汤姆的着装。那家咨询公司有一套着装规范，明确规定员工不需要穿西装，除非另有要求。有一天，当汤姆穿着西裤、法式袖口衬衫和一件崭新的运动外套走进会议室时，他的老板质问道："你为什么不穿西装？"还有一次，汤姆因为戴了太阳镜受到斥责，当时汤姆不是在开会，而是在大楼的大厅里。和老板一起出差时，汤姆要托运行李，老板训斥了他一顿，因为这意味着老板得等汤姆去取行李。汤姆一直努力迎合老板，所以每次老板训斥他，他都会道歉，并保证下次一定改进。但 18 个月后，汤姆再也受不了了，愤而离职。

退场，罢演，这是通过控制结局阻止虐待行为的一种方式。汤姆也有权力，他不需要忍耐下去，也不需要委曲求全。当然，在这种情况下，并不是每个人都能直接辞职走人。但在与恶霸的关系中，我们中的大多数人都有权力，即使对方让我们觉得好像我们没有。在大多数情况下，我们比自己想象的更强大，更能控制别人对我们的所作所为。

人们之所以觉得无法逃避反复的虐待，原因之一是受虐者学会了逆来顺受，表现得似乎无能为力，即使事实并非如此。关于习得性无助的最早研究表明，那些受到电击但没有学会控制自己行为的动物最终选择了放弃，不再试图躲避电击带来的疼痛。但是那些学会了按下控制杆停止电击的动物会继续抗争，保护自己，避免重复痛苦的经历。最近对创伤后应激障碍的研究也支持同样的结论：如果受害者能够在危机过程中采取行动，比如在事故中爬出汽车或营救他人，那么心理上的创伤影响就不会那么严重，也不会感到那么无助。化解危机之道是专注于行动，一定要通过行动来拯救自己。你必须按下控制杆。就像我们在本书中提到的许多其他问题一样，要想摆脱受害者的角色，第一步就是采取不同于以往的行动。

致命的诱惑

颇具讽刺意味的是，滥用权力的人往往极具诱惑力。为什么我们会被这些人吸引？为什么我们会爱上他们？为什么我们会崇拜他们并想为他们工作？为什么我们会投票支持那些煽动（甚至是针对我们的）仇恨的政治候选人？我们会被这些人吸引，尤其是在我们感到无能为力的时候，因为他们在控制他人时表现出的力量、刚毅和成功使我们在他们面前感到安全，无论他们是否有意保护我们。

亨利·基辛格曾经说过，权力是最好的春药。我们就从这一点谈起。根据进化理论，我们会被有权有势的人吸引，因为作为伴侣，他们增加了我们成功繁殖和生存的概率。这一点也体现在我们的文化中：所有类型的权力都预示着性吸引力，反之亦然。拥有权力会使潜在的伴侣更有吸引力，而身体上的吸引力又是权力的源泉。加州大学伯克利分校的心理学家达娜·卡尼和她的同事最近对网上约会资料进行了研究，他们分析了约会资料中的一些照片，发现（不分性别）外表看起来越霸道的人，对他表示感兴趣的潜在约会对象就越多。

撇开进化的力量不谈，权力之所以具有诱惑力，也是因为一个强大的伴侣就像一件战利品，它可以向世人证明你自己的地位和价值。如果你发现一个本可以选择任何人做伴侣的人最终选择了你，这会让你意识到自我的价值。对大多数人来说，与一个有权势的人在一起是令人激动的，当然，也有些提心吊胆。这就是女性会被好斗的男性吸引的原因。下属有时会很愿意接受上司的邀请，比如喝酒、吃饭或旅行，其原因与性本身的兴趣无关，纯粹是为了接近权力。

人们经常拿“恋父情结”开女人的玩笑，但事实往往发人深省。在政治学界的一些圈子里，选民（男女都有）把政坛人物视作父母，而且往往更喜欢“强势父亲”类型的政客。这种类型的领导者特别吸引那些认为自己需要保护的人，以及那些感觉在强硬父母的领导下更安全的人。这种心态可以解释为什么尽管特朗普发表过对女性不太友好的言论，但支持他的女性选民人数一向很多。

这也可能揭示了为什么最脆弱的群体和个人往往最先拥护这样的领导人，以及为什么领导人会如此容易地利用这些群体的恐惧、不安全感和无助感（就像特朗普在讨好苦苦挣扎中的白人工人阶级时所做的那样）。这也可以解释为什么特朗普的一些最知名的追随者——比如塞萨尔·萨约克，他离群索居，曾做过脱衣舞男，送过比萨外卖，给总统的一长串政敌邮寄炸弹包裹——公开将总统称为其“从未有过的父亲”。

不幸的是，这也是为什么在孩童时期没有享受到关爱的受虐者，长大后会让这种虐待关系以另外一种形式表现出来。遭受虐待的成长经历会让人觉得自己不可爱，也会认为虐待是爱的表现。例如，被父亲虐待或忽视的女性特别容易爱上有虐待倾向的男性，因为她们熟悉这种爱的表现形式，而熟悉的剧情会让我们更容易扮演自己最熟悉的角色。这些女性可能会被虐待自己的恋人迷住，因为她们的父亲就是这样对待她们的；她们也从母亲那里学会了扮演受害者的角色。如果她们的母亲忍受虐待，选择原谅对方或将问题归咎于自己，那就为女儿树立了“榜样”，认识到什么是可以接受的，怎样做才算得上是一个好女人。这就是不健康的旧模式得以延续的原因。但专家认为，故事的结局不一定非得如此。我们应当跳出自身经历，从编剧的角度来看待整个故事，寻找机会来改变剧情，改写原来的剧本，剔除原来的角色，重新构思故事的结局。

避开危险，不要上当

专家们会告诉你，避免被恶霸欺负的最好方法是避免和他们产生牵连。也许这是个好办法。但是要认出披着羊皮的狼并不总是那么容易的。也许我们能做的最重要的事情就是学会识别谁恃强凌弱。美国黑人女作家玛娅·安吉罗说过这样一句警醒世人的话：“有人向你展示他们是谁时，要在第一时间相信他们。”识别出某人正在寻找受害者的能力是一项重要的技能。

相信自己的直觉，注意危险信号。首先，要提防那些不接受“不”的人。通常，这段关系开始时很甜蜜，即使你不愿意，被人追求一段时间也会让你高兴。但如果对方表现得好像你的喜好无关紧要，那就是在告诉你他不在乎你想要什么。换句话说，这种咄咄逼人的追求下面隐藏的可能是一种对你的不尊重。如果有些人过于强势，不把你的喜好当回事，那就应当有所警觉，要相信自己的第一直觉，与对方保持距离。

实力强大的演员会让我们觉得自己像被施了魔法一样，被对方迷住了。但是，感觉自己无法在别人面前根据自己的意愿行动，绝不是一个好迹象。滥用权力的人往往对控制有一种极端的需求，因此，他们往往很有魅力（也很吓人）。他们非常善于展现魅力，善于吸引、引诱和操纵别人。他们也极端挑剔，极度需要成为所有场合中最重要的那个人。要小心提防那些认为你很出色，同时对几乎所有人都表现出不尊重或蔑视的人，因为他们在试图巩固对你的控制。如果你不能满足他们对权力、控制和服从的迫切需要，他们迟早也会贬低你。

Facebook 首席运营官谢丽尔 · 桑德伯格给女性提出过一条非常有名的建议："女性在寻找恋人时要避开那些'酷男'，而要学会珍惜那些'呆男'。"这一建议本身就说明了权力问题的本质。如果某个人（无论是恋爱对象、朋友或者上司）能够选择世界上的任何人，却让你感觉似乎你是唯一值得他们付出感情的人，那么"赢得"此人的"芳心"可能会让你觉得自己出类拔萃。但是，这种类型的伴侣会极大地削弱你的权力，降低你从双方关系中需要和应该得到某些东西的能力。一定要学会识别谁能让你感到安全，不要被迷惑得茫然不知所以。

与恶霸保持距离。如果无法远离恶霸，你也可以拒绝不良行为，以此保持与恶霸之间的心理距离。滥用权力的人渴望证明他们手中的权力，证明他们的所作所为会产生影响。他们会尽一切可能让你保持警觉。如果你中了圈套，表现出恐惧、愤怒，甚至愧疚，就会让他们产生兴趣。

孩子们在对付校园恶霸时经常会收到这样的建议，该建议对成年人也同样有效。具有强烈支配欲的人不仅需要扮演支配者的角色，还需要不断得到那些扮演无助、顺从的受害者的认可。地位竞争对某些人来说很有趣，他们会尽其所能先抬高你的地位，然后再把你打压下去。如果你表露出受伤或生气的迹象，都会让这一游戏变得有趣刺激。因此，你的目标（你之前可能没收到过这种建议）是尽可能表现得愚钝一些。这和不管发生什么事都假装无所谓、一笑了之或虚与委蛇是不同的。它更像是反应不够及时，表现得比较冷淡，甚至看起来很无聊，好像什么都没发生过。表现得漫不经心或不感兴趣会让你显得非常冷淡，这一点很重要。它表明你不想参与其中，即便遭到逼迫打压，你也不会在意。通常情况下，恃强凌弱的恶霸最终只能转而寻找更合其意的目标。

了解自己，不要自责。受害者常常为他们忍受的痛苦而自责。从某种程度上来说，这是施虐者精心设计的结果。指责受害者触发虐待行为是施虐者保持控制力的诸多手段之一。通常情况下，那些用责怪伤害我们的人太危险了，因为我们觉得自己需要他们。例如，遭受虐待的儿童往往无法与施虐的父母对抗，因为他们还需要依赖自己的父母；在工作中遭到骚扰的员工通常会忍气吞声，因为他们害怕报复，害怕失去工作。如果不能把责任归咎于伤害你的人，你就会认为自己做得不够好，应该受到虐待，你就会感到羞愧，讨厌自己，用各种自毁行为来惩罚自己。如果你无法责备或惩罚施虐者，但会为了别人对你的冒犯而自责，他们的目的就达到了。

被恋人欺负的女性通常会认为自己有问题，认为如果自己更漂亮、更性感或更体贴，就会得到应有的关爱。她们和折磨自己的人站在一边，责备难为自己，继续助长施虐者对自己的恶行。受虐者要想从精神创伤的影响中走出来，必须学会认清虐待行为的本质，必须认识到他们自己没有做错什么。当然，他们还必须学会安全的反击方式。

不要表现得像个受害者。如果你曾被有权力的人虐待过，那么很遗憾，你可能会对此习以为常。你知道如何与滥用权力的人相处，你可能很熟悉这个过程，因而可能会再次陷入其中。不仅如此，以前被剥削过的人往往还会再次受到剥削。他们会不知不觉地挥舞着绿色的旗帜，认同施虐者的所作所为，好像在说“我什么都能忍受！”，告知世人他们是多么谦卑，多么逆来顺受，多么难以拒绝他人，多么容易将一切都归咎于自己，多么渴望取悦他人。恃强凌弱的恶霸会被发出这种信号的人所吸引。我们每个人能做的最重要的事情之一就是弄清楚那些使我们成为虐待目标的因素。再说一遍，关键不是改变自己，而是选择向世人展现什么、隐藏什么，以此来保护自己。

在解释哪些人容易成为被虐待的对象及其原因时，世人有很多误解。例如，很多人认为，遭受性骚扰的女性是“自讨苦吃”，因为她们大都举止轻佻、妩媚性感、穿着暴露。与这种想法不同的是，一些研究表明，事实恰恰相反。在我们的社会中，强奸和性侵非常普遍，很难确定受害目标的特点。可以肯定的是，只要发生强奸行为，应当谴责的一定是施暴者。一些关于陌生人强奸案的研究表明，受害者通常穿着保守，没有露胳膊露腿，更没有袒胸露臂。研究发现，被陌生人强奸的女性并不比那些没有被强奸的女性更有魅力。

对犯罪行为的研究揭示了攻击者在受害者身上寻找的特点：看起来容易得手。街头犯罪的受害者不一定比其他人身材矮小或身体虚弱，只是行为与其他人不同，看起来更顺从，没有明确的方向或目的，也不太注意周围的环境。这才是使受害者看起来容易被制服的原因，与体格或身材无关。

幸运的是，调整我们的行为方式并不难。许多人在适应经常发生犯罪行为的生活环境时很自然地学会了这一点。例如，我至今依然清楚地记得，从一个待了大半辈子的规模较小的大学城搬到曼哈顿后，我很快就学会了生存之道：无论在这个城市里迷路到了什么程度，我走起路来都必须表现得好像知道自己要去哪里一样。从不熟悉的地铁站出来之后，我不会站在街角抬头看路牌、茫然地确定方向，而是一刻不停，跟在人流后面往前走，仿佛知道自己要去哪里。如果发现自己走错了路，我会从容淡定地大步走到下一个街角，穿过马路，再从另一边折回。

大多数情况下，遇到言语或情感上的攻击时，淡定从容、阵脚不乱也不会让你那么容易就成为他人感兴趣的目标。一定要表现出明确的立场、明显的喜好和坚定的决心。或者，至少应该表现得好像你具备这些特质。

选择安全的环境。赋予某人权力的不只是他的身份、他控制的资源，还有他所处的环境。在纽约生活期间，我从来没有在街上遇到过坏人。但是在芝加哥，我曾经被人持枪抢劫过。当时我和两个朋友在一起，其中一个还是个高大魁梧的男性朋友，案发时天刚擦黑。后来，在与警方交谈时，警察说当时街区灯火通明，但有一处路灯没亮，而那里就是我们被抢劫的案发地，这不是巧合，犯罪行为最有可能发生在人看不到的地方。

我现在对此非常谨慎，也建议许多和我一起工作的年轻女性不论是走在街上，还是在上班，都要远离阴暗的角落。不要在办公室以外的私人场所，不要在晚上，也不要在别人的车里与人见面，同时避免边走边谈。而且我还听说，在办公室外用餐也可能存在危险，这取决于你坐的位置。女性博士生、求职者和助理教授在吃工作餐时要是坐在资深的男同事旁边，被他们在桌子下面乱摸的情况并不少见。

下班后，在办公室之外的场合，对于哪些行为规范比较专业或可以接受，没有严格的标准，因此，什么样的行为属于越界也比较模糊。工作场所之外，任何时候与人见面，都不属于真正意义上的公开见面，因为没有人了解你们或你们之间的真正关系，可以接受的行为与不当行为之间的界限也不甚清晰。例如，有人在会议室里上一眼下一眼地打量你、说你妩媚动人，你立马就会感觉不对劲。但是，下班后参加工作聚会，或者在酒吧里，对你的外表评头论足似乎“正常”许多，或者至少是在可以接受的范围之内，在这种环境里，你难以相信自己内心发出的信号，难以断定这种行为恰当与否。

我不止一次听说过，有些老板干脆拒绝在办公室见面，而是采用边走边谈的方式对下属施加精神上的虐待。这种方式不仅会降低人们无意中听到或看到正在发生的事情的可能性，还会使社会界限变得模糊不清。借口不参加会议是一回事，你的老板在前面走着，你却突然掉头转向另一个方向则是另一回事。而且，对于老板来说，他不会在意某一句刻薄或不恰当的话，而只是将其视为工作场合之外随口而出的一句无意义的话，但是在会议室或办公室等正式场合，就不会如此随意。在所有这些方面，环境都很重要。因此，保护自己不受欺凌的一个好办法是远离过于隐私的环境，或者远离那种无法清晰界定正当行为规范和彼此角色的环境。

坚守底线，友好且坚定地拒绝。除了时刻提防自己所处的环境，我们还要控制好自己的情绪界限。在今天的职场，许多员工被要求随时听候上司的“召唤”，破坏工作与生活的界限成了一种常见的违规操作。与我交谈过的许多受害者都害怕拒绝那些企图以不合理的要求剥削他们的人。我建议他们面带微笑、坚定地拒绝这些人。每个人都需要掌握一个说“不”的好方法——“抱歉，我帮不了您。祝您好运！”或者，就像我十几岁的孩子那样，一边大笑一边说，“这听起来像是‘您’的问题”。你可能不想这样对你的老板大声说话，但可以按这个思路想一想，因为这可能会让你显得不那么顺从，避免在不该说“是”的时候说“是”。

友好且坚定的拒绝就像是在告诉对方，你家里装了安全系统，这样一来，大多数罪犯，以及大多数恃强凌弱的恶霸，就会转而去寻找更容易下手的目标。

对囚徒困境的研究发现，在竞争环境中无条件合作会招致剥削，而对欺凌的研究也进一步印证了这一结论。在学校和职场中，恶霸会瞄准那些他们认为不会反抗的人：无论什么时候对任何人都很友好，似乎能容忍一切。不大与人交往也是一个危险因素，其原因在于恶霸会瞄准那些不太可能有目击者或者没有朋友愿意保护他们的人。

不管你是不是独自一人，关键要清楚自己的底线是什么。别人越过你的底线时，你要有能力发现，要有简单可行的方法来守住底线。别人友好合作，那你也可以友好。但是如果有人越界，你必须做出反应，直截了当地表现出来。一定要当机立断，表现出零容忍的态度。

直面恶行，表达自己的不悦。如果一味隐忍各种不当行为，这种行为就会持续下去。没有人想把每一次不轨行为都弄得尽人皆知，而对非言语行为的研究表明，这种做法实际上也没有必要，甚至也不会有太大作用。遇到不轨行为时，与其情绪激愤或开口讨伐，不如冷下脸来直视对方，以此表明你的态度。如果有人把手放到你腿上，你盯着他们的手看上一会儿，然后转移目光，紧紧盯着他们的脸，不要看向别处，直到你能看到对方的表情变化。如果对方表情没有变化，那就小心地把他们的手从你身上移开。如果有人说了不恰当的话，那么盯着他看的时间要比平时长一点。直截了当地表明态度可以警告作恶者，让其给出正当理由。这样做能表明你看到的是不正常的，并默默地要求对方给出解释：“你为什么要这样做？”

经常有人问我如何应对职场恶霸——他们目中无人，随意打断别人说话，强词夺理，经常用侮辱性的语言和笑话贬低他人，经常暴跳如雷、乱发脾气。讲话时被打断，最常见的反应要么是停止讲话，要么是提高声音。这两种方法都不是特别有效，尤其是提高讲话的声音，听起来会很尖锐，能让对方觉察出你的恐惧和防范，这只会让那些试图挑起事端的人更兴奋。更好的办法是坚定地举起一根手指，示意对方不要打断或等一下，或者就简单的一句话："我马上就讲完了。"我观察到，举起手指指向对方的效果非常好。手臂离开身体的那一瞬间似乎就表明你打算反击，举起的那根手指就好像是武器。非言语的手势通常比争吵更有效，尤其是对女性而言。事实上，埃默里大学的梅丽莎·威廉斯和斯克里普斯学院院长拉里萨·蒂登斯最近的一项研究发现，女性在言语上表现出的自信或优势地位可能会惹人反感，但非言语上的自信却不会。

盛怒之下要控制住自己的情绪需要极高的修养。许多人说他们愤怒时，往往会哑口无言、撕破脸皮、大声吼回去、试图为自己辩护，或者干脆逃离现场。但总的来说，更好的做法是冷静地表明自己的态度，拒绝与之纠缠。不喜欢眼前的形势时，我就会使用这种方法。我会这样说："你知道吗？我不喜欢你这个样子，所以我现在要走了。"或者"我知道你对这件事很不满意，我们以后再谈吧。"不管这个人有多大的权力，你完全可以找个借口，结束让你感到不安的交锋，选择退场，离开舞台。

我认识的一位高管曾经告诉我，有一次一位特别令人生畏的董事会成员高声侮辱了他，他并没有惊慌失措，也没有唯唯诺诺，只是简单地问了对方一句："你这么说是什么意思？"我也曾目睹有人直视作恶者的眼睛，以此回应潜在的威胁，然后问对方："你刚才说了什么？"将你的指责以问题的形式表达出来比责骂对方更有效，至少从某种程度上来说它将解释的责任推给了作恶者。如果能够镇定地将聚光灯对准他人的恶行，我们就可以改变权力的失衡。

直视对方，绵里藏针。2017 年，加拿大总理贾斯廷 · 特鲁多在白宫第一次会见特朗普总统时夸大了自己的权力影响。据推测，他（和许多记者一样）已经注意到特朗普在接待其他国家元首时使用了一种特殊的握手方式。当政要礼貌地向特朗普靠近时，特朗普会向他们伸出手臂，用手抓住他们，然后向前猛拉，这样这些政要就会失去平衡，跌跌撞撞地走向他。想必特朗普觉得身体上的控制能让他在心理上占上风。但那天特鲁多下车后，成功地瓦解了特朗普招牌式的握手动作，他快步走向特朗普，右手紧紧抓住特朗普的右手，左手放在特朗普的右肩上，笑容灿烂，但双唇紧闭。他的行为表明他没有丝毫的不恭，也没有半点儿顾忌；同时也表明他并不害怕，不会让特朗普牵着鼻子走，不会被吓倒。特朗普这次算是遇到了对手。

面对控制欲很强的角色时，人自然会表现得比较顺从。和这样的人展开权力竞赛、试图获胜是很可怕的，因为这种人给人的感觉是他们可以不择手段、无所顾忌。但是有时候，如果某个演员能够夸大权力影响，那多夸大一点儿也是不错的，因为它有助于思考你到底害怕什么。要记住，恶霸通常表现得很有侵略性，因为他们觉得自己很软弱。这就意味着，有时虚张声势是能带来好处的。

我最近培训了两名女性高管，教她们应对一位有虐待倾向的老板——此人故意区别对待她们两人：像宠溺孩子一样对待其中一个，对另一个则是恶语相向、贬低打击。这两位女性一起商议，试图弄清楚其中的猫腻，想要设法阻止这种情况。她们俩谁也不想直接与老板发生冲突，因为害怕得罪老板，害怕失去工作（或者出现更糟的情况）。于是，我们一起设计了一种展现力量的方法：和老板见面时，表现得像往常一样友好，但要盯着他的眼睛，并在需要的时候对自己默念一句简单的咒语“我知道你想做什么”。我们在一起练习，并为它的颠覆性和我们在练习时看起来多么可怕而高兴。像她们的老板这样的人，需要证明自己令人生畏，需要下属的默许、妥协和恐惧。我们设计的这种巧妙的办法，其目的是不给他任何可乘之机，并且让他注意到：“我们知道你想做什么，我们正在策划反攻”——希望如此一来，他能把精力放在更令人满意的事情上。没过多久，这两位女性高管告诉我，我们的办法奏效了。老板自己感觉无趣，也就不再玩那种把戏了。

学会共情。我知道，这种办法听起来很奇怪，但有时候通过表示理解对方可能会阻止虐待行为的发生。人质谈判专家认为，积极倾听是解除荷枪实弹、绝望之人武装的唯一方法。积极倾听是一种对话方式，需要承认对方的观点，提出开放式问题，表现出真正的兴趣，等等。这一原则也适用于我们在这里阐述的问题。共情并不等同于支持或原谅作恶者，而是在战略上表示尊重，以保护自己和他人。冲突解决专家解释说，维护个人荣誉的动机是许多暴力行为的根源。因此，专家们广泛采用的做法是对一些正在考虑或已经采取暴力行动的人表示出同情和理解，甚至是宽恕，以此来减轻犯罪分子的耻辱感。这种办法经常被奉为处理危机的有效方法，可以说服对方，避免行为升级和造成更多的伤害。

无论手中掌握的权力是多是少，我们都可以表示出理解对方，表明我们关心对手的遭遇。任何人都能做到这一点，而且不需要付出任何代价。

第 9 章

不做旁观者，与盟友齐心协力

如何阻止卑劣演员抢镜?

“零食侠”（snackman）不太可能是超级英雄的名字，但在很多人眼里，他就是超级英雄。2012 年 3 月一个周四晚上，住在纽约布鲁克林区的 24 岁建筑师查尔斯·桑达和其他人一样，在九点半左右离开了一家酒吧，跳上地铁去另一家酒吧见朋友。为了打发这段车程，他买了一罐品客薯片和一袋小熊软糖，悠闲地吃着。突然，地铁驶到春街站时，一个陌生人在车门即将关闭的一刻冲进了车厢，车上一名女乘客为此勃然大怒。她冲着那个人大喊大叫，又打又踢，而那个人也还手反击，场面相当火爆。此时一位乘客很自然地拿出手机拍下了这一幕。

视频显示，双方都打了对方几下，之后，桑达进入镜头。

他一言不发地嚼着品客薯片，头也不抬，两脚稳如磐石，站在两名打架的乘客中间。他一只手抓着零食袋，另一只手往嘴里送零食，一言不发地吃着。双方的打斗没多久就停止了，因为桑达站在两人中间。此时另一位旁观者介入进来，劝说双方就此罢手。这段视频被传到了视频网站 YouTube 上，很快就火了起来，获得了近 100 万次的点击量（外加一些令人捧腹的评论）。大家为什么如此关注这件事呢？因为这位“零食侠”体现了所有人都渴望的那种镇定、冷静、勇敢和泰然自若。

为什么我们选择扮演旁观者？

在我们心中，关于权力以及滥用权力的故事涉及两个主要人物：一个是受害者，一个是作恶者。但如果从更广阔的视角来看，我们还会看到其他人在现场，看到现场的一些小角色或临时演员，这些人知道当时发生了什么，但不知道该怎么做。我这里说的不是那些负有预防和惩罚违法行为正式责任的权威人士（那是本书最后一章的主题）。我指的是我们这些普通人，由于缺乏正式的角色，我们无法进行干预，所以往往选择袖手旁观。

我们都有过这样的经历：惊恐地看着朋友、同学、同事和陌生人受到不公正的对待，这种不公正违反了我们心中的礼貌标准和职业行为标准，但不知为何我们感觉自己无法采取行动。我个人经历这种情况的次数多到我都不太愿意承认。我参加过一些会议，会上一些令人生畏的演讲者一本正经地胡说八道，但我却怀疑自己的神志是否正常，最终什么也没说；我曾假装没有听到身边的人小声说一些无礼或非常不友好的话；我曾经任由某些与会者对其他人无端地咆哮嘶吼，自己当时什么也没说；我曾经在一些女人向我讲述她们被我认识的人欺负的时候，默默地递给她们纸巾，我对她们的遭遇表示同情，也提供了一些建议，却选择不采取行动，不去挑战，不去对抗，甚至不与那些作恶者展开对话。有时候我置身事外，因为我认为自己没有影响力，觉得自己也很脆弱。有时候我不确定是否需要干预，或者不确定如何干预。有时候，尽管我实际上一点儿也不脆弱，甚至在某些情况下，我的权力比作恶者更大，而且几乎可以肯定我能改变现状，但我还是选择置身事外。

人们很容易把作恶行为看成“别人的问题”，把自己定位成“旁观者”的角色，或者是观众中“批评者”的角色。但事实上，我们都参与了这场污染我们生活的这个世界的演出。宽容的环境容易导致权力滥用，我们每一个人都可以更好地选择自己在剧中扮演的角色。

回顾过去，我认为上述这些事是我最大的遗憾，令我颇为内疚，因为我放弃了自己应当肩负的责任。即使在事发当时，我也有这种感觉。没有人会以扮演旁观者为荣，没有人希望这样，也没有人愿意尝试，然而我们似乎一直在扮演这个角色。别人在我们面前受到伤害时，我们为什么不干预呢？

1964 年 3 月 13 日凌晨，基蒂·吉诺维斯在从酒吧下班回家的路上被人刺伤，遭到性侵，最后被杀害。据《纽约时报》报道，共有 38 人目睹了这起袭击事件，但没有人干预，甚至也没有人报警。几十年后，人们发现这件事的许多细节不是被夸大了，就是被虚构了（一些人试图出手相助，并且 38 人中的许多人实际上并没有看到或听到发生的事情）。但即便如此，后来大量的研究表明，旁观者效应的确存在，这一点毋庸置疑。

我们往往认为，如果看到有人处于危险之中，自己肯定会尽量出手干预或制止，但研究表明，事实并非如此。我们每个人在事情发生时选择置身于他人的剧情之外，原因有很多：避免反应过度、未能阻止虐待，或冒犯他人引起的尴尬，避免自己受到伤害、遭到报复，或被人利用。我们明白，从大局来看，如果我们都能相互依靠、互相保护，对每个人而言都更有利。但在事情发生的那一刻，利己主义往往占了上风。

社会学家对此有所了解，这种旁观者行为是世界上许多最棘手的问题的根源。如果每个人都把需要集体行动来解决的问题看作是别人的责任，那问题就会变得很糟，每个人都会遭殃。在这种情况下，我们被迫选择短期内看似理性的行为，但实际上从长远来看是不理性的。这些情况就是社会学家所说的社会困境：在这种困境中，尽管有人表现得自私，但会因为其他人的慷慨大方（面对困难愿意冒着个人风险来坚守正义）而获利。当然，在这种情况下，暗藏的不利因素是，如果每个人都自私，那么没有人会得到保护，坏人就会继续肆无忌惮地作恶。解决各种社会困境的唯一有效办法是让参演演员，也就是现场的旁观者，承担第一波风险，建立信任基础，促进和他人的合作。如果人们相信可以指望别人也为群体利益做出牺牲，支持他们或回报他们，那他们自己就更有可能这样做。

积极干预，介入其中

在工作场合，我们一般很少会见到身体虐待的情况，但经常可以看到明显的越界行为，比如身体恐吓、言语责骂、人身侮辱、开贬低性玩笑，以及其他不必要的带有攻击性、敌对性和伤害情绪的行为。在这种情况下，人们很容易“搭便车”，扮演旁观者的角色，置身事外，让其他人负责维护集体规范。但是，如果我们选择袖手旁观，不作为就会成为常态，鼓励其他人也这样做。

对虐待行为的研究表明，虐待行为很少凭空出现；而且，出于同样的原因，它很少会自己消失。事实上，虐待行为通常会愈演愈烈。它先从小处开始，逐步攻陷受害者。当行凶者确信自己不会遭遇反抗时，虐待就会变得明目张胆、肆无忌惮。如果施虐者轻微的侵犯遭遇了反抗，那他们要么会改变策略，要么会转向其他受害者。权力滥用也具有传染性，就像所有有权势的人模仿的社会行为一样。如果滥用权力得以传播，那一定会损害工作环境，在这种环境中，人们会认为敌意和剥削是不可避免的，甚至是完成工作所必需的。

旁观者的干预往往也是从小处开始，最初只有一名演员，然后逐步增加。如果没有正式权力的人学会介入其中，并让卑劣的演员为其持续作恶付出更大的代价，那么文化氛围就会发生变化：人们对滥用权力的容忍度会越来越低，旁观者的介入会越来越多，而且正如一些研究所显示的那样，性骚扰和性侵犯等犯罪行为发生的可能性也会越来越小。

为了激发这一良性循环，我们每个人都要把自己看成是别人戏剧中的演员，必须承认搭便车也是一种行动，不存在所谓置身事外、保持中立或不介入。搭便车是一种将个人风险最小化的策略，但从长远来看，根本不可能。如果允许他人滥用权力，那覆巢之下，安有完卵？从长远来看，更安全、更有建设性的方法是，发现情况，指出问题，冷静地表示反对，不仅要反对那些严重的、公开的违规行为，还要反对那些看似没什么大不了的小问题，因为问题虽小，但如果放任自流，日积月累之后恐怕会演变成卑劣的行为。

识别掌权者的可疑行为

我有一个同事，也是我的好朋友，他过去常常用一个小装置作为门挡，固定住敞开的办公室的门。某个颇具创意的设计师（很可能是男性）设计了这个小装置，其外形很像女人的红色细高跟鞋。这一巧妙的设计自然成了极好的谈资。但是每次经过那里，我都有点儿不舒服。当然，这不是装置本身的问题，而是在那种场合出现那种高跟鞋形状装置所暗含的意义，以及看到它之后我脑海中产生的想法：有人（可能是我认识的人！）冲进办公室，扯掉她自己身上的衣服，然后两人急不可待地开始鬼混（可能就在他的办公桌上！）。我明白其中恶作剧的意思，但作为当时学校里为数不多的女教师之一，我也知道自己不应该参与其中。这就像是男人之间互相眨眼、轻推，像是哥们儿之间的调侃逗乐，或是更衣室内男性间的粗鄙笑话，看似无害，但前提是周围没有女性反对工作中的色情联想或被其伤害——至少，没有女性会在意。

我不会将红色细高跟鞋形状装置的例子说成是滥用权力，这根本没有必要。但我想说的是，在类似情况下，某个有权势的人可能会悄无声息地，也可能是在不经意间，把工作场所作为性征服的场所。它传达了这样一些信息：我们这里可以在办公室里做爱；如果你走进办公室，立刻就可能发生；把工作中的女性作为性交对象是很有趣的，这样做会对你产生很好的影响。加油哥们儿，谁知道哪个女同事会成为男人们的猎物?

这个装置只是一个道具，但就像所有舞台上的道具一样，它被选作某种东西的象征，具有暗示性，并定下了某种基调。心理学家称之为“启动”，也就是某种刺激物，一旦暴露就会自动引发相关联想——在上面的例子中，这种想法就是女性穿脱红色细高跟鞋。当然，你在斯坦福大学商学院的大厅里走动时，脑子里想什么都可以。但问题是，我自己的研究（以及其他人的研究）发现，这种类型的性启动以及它激活的想法很容易让男性把女同事看作性交对象，使他们更倾向于从女性的性魅力而不是工作能力方面对其进行评估，使他们更容易对女下属产生性欲，甚至一旦掌权之后会对其进行性骚扰。

我在那个门挡前走了好几个月，也许几年，甚至都没想过要对它的主人或其他人说点儿什么。一方面，这只不过是个恶作剧。但另一方面，它让我产生了一种自我意识，让我在本该考虑更重要的事情的情况下想到我当时穿的衣服：是不是太性感了，或者不够性感?在这座办公楼里工作的其他女性有何想法呢?从工作角度来说，我和他几乎是平等的。但是他手下的工作人员、助理，还有许多到他办公室寻求建议的女学生怎么办呢?我本可以问问他这件事，开开他的玩笑，或者明确告诉他这个门挡让我感觉怪怪的。我本可以在经过走廊的时候悄悄把它拿走，塞到办公室的抽屉里，没人会知道。但我什么也没有做，只是选择扮演旁观者的角色。

有一天，另一位男同事问我对那个门挡的看法，我告诉了他。第二天，门挡就不见了。

通常，在应对掌权者的可疑行为时，最棘手的挑战之一是要识别它，并发现其本质。并不是所有情况都是一成不变的，在某些情况下，我们并不总是清楚是否有越界行为的发生。如果行动者不想让任何人感到不舒服，该怎么办？如果行为目标似乎并不在乎或不能被识别，该怎么办？如果双方当事人看起来两情相悦，该怎么办？如果参议员发表了不当言论，是因为他出生的年代不同，对那个年代的人来说他的言论是可以容忍的，那又该怎么办？如果没有明确的界限能够界定合法使用权力在何处越界，我们就应该向他人寻求应对的线索。如果没有人注意到，或者没有人觉得坏事正在发生，那我们就将此作为社会证据，证明没有坏事发生。一项研究表明，如果你在一个人头攒动的房间里闻到烟味，但其他人没有发出“着火了！”的尖叫，你很可能会认为没有什么紧急情况，也会保持沉默，避免被众人当成一个无事生非的白痴。

哈佛大学肯尼迪学院教授、决策专家马克斯·巴泽曼在其著作《信息背后的信息》中指出，人们很容易忽略“不对劲”的感觉。他讲述了自己生活中的一件事：在联邦司法部针对烟草业的一个案件中，他被要求修改自己作为专家证人的证词。这样做是不合适的，所以他拒绝了，但也没有举报这一事件。后来，他得知另一名证人在案卷上做证说，司法部曾向他施加压力，要求他改变同一案件中的证词。这迫使巴泽曼反思，为什么他自己没有采取行动来解决现在看来显然是滥用司法权的问题。他总结说，忙得不可开交或不堪重负时，我们往往会忽视或忽略事情出现问题的信号。这是可以理解的，但它也使我们成为允许继续滥用权力的同谋。

还有一种真正的危险是反应过度，在没有正当理由的情况下声称受到虐待，结果破坏了关系、声誉和事业。如果被告否认指控，或者事情的真相扑朔迷离（几乎总会出现这种情况），那该怎么办？如果被告从未打算伤害任何人，那该怎么办？（经常会有这种情况，滥用权力的目的是让作恶者感觉良好，而不是让受害者感觉不好。）在我们的文化中，人们在被证明有罪之前都被假定为无辜，尤其是当我们很在乎我们指控的人的时候，往往会因为过于谨慎而犯错误。

所有这些不确定性可能的确都存在，但与此同时，它们也给不作为披上了合法的外衣，导致施虐者的行为及其对他人的影响得不到追究。如果我们不采取行动，还为施虐者的行为寻找各种理由，那么当虐待发生时，我们不仅是在袖手旁观，而且是在为虎作伥。

挺身而出，仗义执言

人们在谈论如何更好地使用权力时，本意通常不在于此。

伦敦大学政治学教授戴维·麦克利兰指出，大多数职场人士都把对待权力的做法与学会维护自己联系在一起。但他同时指出，对待权力更成熟的方式是将拥有权力视为一种责任和机会，能够为他人挺身而出。爱尔兰裔美国外交官萨曼莎·鲍尔称这样的人为“挺身而出者”。

要想成为挺身而出者，你就需要转变思想，需要学会把自己看成群体中的一员——你不是一个孤单的行动者，既不是受害者也不是恶棍，而是一名守护者：愿意为他人动用社会资本、使用权力，这样做不只是为了体现善意或利他，抑或是作为交换条件，而是因为这种个人冒险行为对群体的发展和繁荣是必要的。扮演挺身而出者的角色可能会有风险。但是，如果你能光明正大地为他人仗义执言，你也会因此得到回报，赢得地位和尊重，成为众人的榜样，其他人会渴望加入进来，与你一道站在更高的道德制高点上。不仅如此，我们常常认为，只有当我们觉得自己更强大的时候，才更有可能干预别人的事情。然而，研究告诉我们，事实恰恰相反：我们采取行动保护或照顾他人时，会感到自己更强大。我们要表现得像一个行动者，挺身而出，全力以赴采取行动。尽管心中也有恐惧，但依然挺身而出，形成影响。我们这样做不是因为这是赢得地位和权力的最佳方式。挺身而出者会维护他人利益，因为代表其群体采取行动是挺身而出者必然会采取的行动。这是扮演这一角色的唯一方法。

闲谈无益，重在行动。当发生权力滥用时，通常都会有“小喇叭”在场——这些人的谈论就好像是在播报天气预报，只是一味地闲谈，完全置身事外，好像这些事情是大自然的行为，完全不受控制。这些“小喇叭”在谈论他们知道的一切、事情发生的过程、看到的一切（或者没有看到的）、事情发生的原因、谁对谁错、对当时情况的理解以及事情如何复杂的时候，可能会想象自己正在扮演有用的角色。但事实上，人们在后台或私下的对话，不可能产生任何建设性的影响，唯一的作用就是提高了他们自己作为知情者的地位。此时，他们并没有进行有用的报道，只不过是在说长道短传闲话，并没有任何实质性的目的；只不过是在为自己的不作为辩护，以内部人士的身份显示自己的不凡，并将自己置身于争斗之外。他们将其当作一次争取道德制高点的机会，对发生的事情表现得义愤填膺，在公开场合远离事件中的坏人，怪罪受害者（言之凿凿地说我们永远不可能像他那样做那些让自己倒霉的事情），或者用表达不满的方式来消除自己的内疚，但自始至终没有将任何自身利益牵涉其中。没有更崇高目的的闲谈是自私的表现，即使你是出于真正的关心。换句话说，没有实际行动、无法给他人带来好处的闲谈没有任何益处。

“小喇叭们”与那些在组织、社区和其他发生虐待行为的环境中真正发挥作用的挺身而出者有什么不同呢？“小喇叭们”关心的是他们自己的体验和结果，而挺身而出者（积极行动者、盟友和守护者）关心的则是他人的体验和结果。就像所有优秀的演员一样，他们已经摆脱了自身束缚，专注于当时的形势、群体和周围的角色。挺身而出者会为了他人直言不讳——安慰受害者，当场回击攻击性话语，私下告诉作恶者他的言论不受欢迎，或者向担负正式责任的领导汇报虐待行为，让其对此采取行动。挺身而出者之所以做这些事情，并不是因为对他们个人来说没有风险，相反，挺身而出、仗义执言的风险相当大。

如果我们想生活在一个人与人竞相关照彼此而非互相利用的世界里，就必须采用不同的方式思考发生在我们周围的虐待事件中我们所扮演的角色。要成为挺身而出者而不是旁观者，你必须全情投入，扮演好这一角色。最好的做法是，当有人利用权力，不公平地贬低他人时，你应该当场公开采取行动。明确指出正在发生的不当行为，直接说出来，或者阻止它，抑或进行干扰（这是阻止校园性侵的有效方法）。如果当时你无能为力，那事后要做一些有用的事情，比如向上级报告、带受害者吃顿饭、私下质问作恶者，等等。这都是一些不起眼的行为，但可以改变我们的行为准则，也可以让我们学会如何在所处的环境中采取行动。文化是自上而下定义的，但最有力的文化变革往往是自下而上的。如果我们每天都能采取一些让人感觉有风险但实际上通常没有风险的不起眼的行动，就可以鼓励其他旁观者也这么做。

获得盟友的助力

斯坦福大学心理学家戴尔·米勒发现，干预与否不仅取决于我们对正在发生的事情有多么关心，还取决于我们心理上是否觉得自己有理由可以介入其中。换句话说，阻止许多人参与到别人事情中的，是他们觉得自己没有这样做的理由。我们越是感到自己无能为力，就越是认为，比我们有权力的人，或与当事人更亲近的人应该承担责任，因为他们有正式的权力或地位来反对或干预。这一点很好地说明了为什么角色非常重要。角色可以使人们理直气壮地为了当事人的利益采取干预行动。我们越是狭隘地定义自己的角色，就越可能认为“此事与我无关”。

一些旨在遏制权力滥用（包括工作中的性侵犯、骚扰和歧视）的正式干预措施依赖于有影响力的人（POIs，persons of influence）的支持。具体来说就是，在一个组织或社区中，找到并邀请地位高的人参与培养挺身而出者，以这种方式传播一种理念，即我们要以受人尊敬的人为表率，勇于为了他人的利益进行干预。有影响力的人是同辈压力的来源，因此，更有效的方式是让这样的人参与进来，作为盟友保护更多弱势群体，因为他们往往在社会上有身份、有权力。与那些从边缘人物开始的干预措施（这可能需要更大的勇气，也会让挺身而出者面临更大的风险）相比，得到位高权重者支持的干预措施往往能更迅速地引起关注，产生更大的影响。

例如，“绿点计划”（the Green Dot program）就采用了 POI 策略，招募和培训社会地位高的大学生（比如运动员、学生领袖等）参加校园预防性侵工作。现在，商界也在尝试这种方法，目的是减少性别偏见。谢莉·科雷尔是斯坦福大学的社会学家，也是该校克莱曼性别研究所的前主任，她一直在与大型科技公司合作，帮助它们减少在招聘、升职和评估环节对女性员工的偏见。在咨询和干预工作的过程中，科雷尔和她的同事们尝试了不同的方法来让男性成为盟友，结果发现男性对这种努力的热情有很大差异。有些人非常热情，渴望解决他们组织中的性别偏见问题，而有些人则不太情愿，不愿亲自参与。于是，他们做了一些调查，找到表现热情的男性中最受尊敬的那些人，请他们帮助招募那些不太情愿的同事。科雷尔在研究这类干预措施的效果时发现，“当最受尊崇的男人已经在船上的时候，让那些不情愿的男人上船就容易多了”。

扮演挺身而出者角色的另一种有效方法是以盟友的身份登场。研究发现，性别偏见的受害者自己反映遭遇侵犯时，人们可能难以相信；但是，如果某个同事代表受害者反映情况，那潜在的负面影响就会减少。许多激进主义的影响被这样一种观念削弱了，即他们的表现是出于个人利益考虑，其他人并不认同他们的身份。例如，妇女站出来支持其他妇女，或者性少数群体（LGBTQ）的一些成员为其他 LGBTQ 成员摇旗呐喊。遗憾的是，其结果往往是妇女的权力被边缘化，被当作别人的问题。但是，举个例子来说，假如白人异性恋男性开始为社会中的弱势成员挺身而出，他们就会因为愿意为他人牺牲自己的社会地位而获得额外的地位，并且鼓励其他人采取同样的行动。

纽约大学的伊丽莎白·莫里森教授在对组织公民行为进行研究时，仔细考察了导致某个员工从事亲社会行为的原因，比如帮助同事、承担工作职责之外的任务和项目等。在某种程度上讲，这是一个身份认同的问题，也是人们如何界定自己工作角色的问题：他们是把自己当成全体演员中的一员，其工作是支持其他演员的表演，还是把自己看作单独表演的演员，只需专注于自己的表演就足够了？如果我们把自己定性为集体演出中的演员，那更有可能甘愿为了其他演员的利益去冒险。我的同行贾斯汀·伯格将这个重塑工作角色的过程称为“工作形塑”（job crafting）。他发现，如果人们在界定自己的工作时，不仅能从与业务有关的任务出发（比如制订计划、招聘或市场营销等），还能从角色外的行为出发（比如无性别歧视、担任导师或支持者、参与团队活动或者勇于挺身而出等），这些行为更能提升和肯定他们，让他们更愿意将自己视为有血有肉的人，那么他们通常会发现其工作更有意义。

激发旁观者内心亲社会行为最可靠的方法之一，是为他们创造全新而明确的角色。“守护天使”是纽约市一个自发组织起来的团体，其志愿者成员头戴红色贝雷帽，在危险街区的地铁站巡逻。这是一个非常典型的例子，说明了如何创造新的角色，以增强旁观者在其社区中制止虐待行为的能力。该组织按区域划分成不同的巡逻小队，根据统一的规则和规章采取行动、接受训练，指挥系统分工明确，每个志愿者都向各自的巡逻队长汇报。“守护天使”不携带武器，也没有执法权力，但多年来，他们在减少犯罪方面产生了巨大的影响。在一些案件中，他们追踪并阻滞惯犯，直到警察赶到现场。仅仅是他们的存在——知道有人在监视社区里发生的事情并准备采取行动予以阻止，就会产生强大的震慑作用。人们在认为自己能侥幸逃脱惩罚时，表现就会很恶劣。戴着徽章和贝雷帽的市民的出现是一个明显的提醒和警告，即有目击者准备插手干预，保护社区安全。

即使没有徽章和贝雷帽，为他人挺身而出也能阻止不良行为。有很多方法可以做到这一点。

加入安全维护队。“人多力量大”这句话听起来像陈词滥调，但事实的确如此，认识到这一点很重要。以哈维·温斯坦的案件为例。温斯坦之所以能够一次次性侵年轻女演员，又一次次逃过惩罚，不仅是因为他的地位和声誉，还因为他每次都是秘密地单独对受害人下手，让她们看不到还有其他受害姐妹。这些女演员感到无能为力。之后其中一些人获得了足够的权力和地位，温斯坦无法再伤害她们，于是她们开始一个接一个地公开声讨他。一旦有多人提出同样的指控，那就很难驳回单独的指控了。类似的情况也发生在美国体操队前队医拉里·纳萨尔的案件中——这位医生本应负责向许多优秀的体操运动员提供医疗服务，但他却性侵了她们。当众多女性集体出庭做证、形成统一战线时，事情就发生了变化，权力的天平也发生了变化。

不止一个女学生找到我，询问如何应对在课堂上发表性别歧视言论的人。她们问我："难道我们不能让相关管理部门做点儿什么吗？"我给她们的建议总是一样的。我告诉她们，要设法联合起来阻止这种情况的发生。提前与感兴趣的同学达成一致，确定哪些行为是不可接受的，并坚决采取集体行动：如果发生这些行为，所有人一起站起来离开教室。只要得知被指控者的名字，都必须向大学的主管部门报告。但遗憾的是，校方管理人员一般不会对针对演讲者的个人投诉采取行动，而且在很多情况下，一个人的声音不足以引起重视，很容易被驳回，被认为"过于敏感"。然而，如果一群学生在课堂中途离开教室，那就增加了风险指数，结果当然完全不同。

沟通与合作是任何协调行动的关键，特别是在处理权力滥用时。研究表明，如果人们在决定是否为了集体利益牺牲个人利益之前进行简单的沟通，他们就更有可能牺牲个人利益，因为沟通能增进信任，并能使人有效地合作：相互承诺，分而治之，各司其职，等等。关于这一点有一个典型案例：20 世纪 80 年代，在一家大型律师事务所，一位工作努力、表现出色的女律师多次在晋升时遭到不公平待遇，没有成为合伙人。秘书们经过沟通协商达成了一个协议：他们立刻通知老板，如果下次她还没有成为合伙人，他们就都不来上班了。果然，下一次机会出现时，这名律师被提升为了合伙人。

我最近听说了一个故事，美国反性骚扰运动（MeToo 运动）之后，在一家性别歧视猖獗的大公司里，一位女性高管采用了同样的策略。多年来，她目睹了许多女性个体向人力资源部门投诉各种各样的问题，但都无果而终，于是她决定悄悄地组织一次集体行动。她联络了公司的女性员工，敦促她们在同一天的同一时间段一起提交个人投诉。她说这就像扔了一颗炸弹，导致人力资源部门陷入混乱。几周之内，公司调整了薪资，昔日的作恶者要么被开除，要么被要求离职。这些修正措施彻底改变了公司的文化。

单独的旁观者可能在虐待剧情的戏剧中扮演小角色，但是加入安全维护队之后，他们就成了主要角色。对少数派影响的研究表明，即使是两个持不同意见的声音，也比单独一个持不同意见的声音更能有力地表达观点，因为它们更可信，更难被忽视，被报复的风险也更小。要解雇或封住单个举报人的嘴很容易，但如果一个助理都没有在场，那工作就很难推进下去。

这些研究结果为如何解决任何团体或组织中的欺凌、歧视、性骚扰和人身攻击等问题提供了有益的指导。我们可以培训旁观者识别、处理和报告有问题的人际关系，以此改变我们对越界行为的集体反应方式，改变让我们感到不安的上下级工作环境。这不仅是负责任的选择，对于那些与营造环境有利害关系的人来说，这也是更明智的选择，因为在这种环境下，滥用权力不像现在看起来那么令人满足。

尝试幽默。虐待行为本身并非儿戏，但如果能采用轻松的方式加以应对，就可以有效地维护文明的界限。当我还是一名新晋助理教授时，我的一个 MBA 学生在自助餐厅里悄悄走到我身后，用手揽住我的腰，跟我打招呼。我转过身去，想看看是谁如此大胆，竟然触碰我的身体。这时，另一个学生笑嘻嘻地冲了过来，一巴掌把他的手打飞了，同时笑着说道："老兄，别碰她！你在想什么呢？"他表现得很友好，却非常坚定地在进行干预。

反性骚扰顾问弗兰·塞普勒最近在公平就业机会委员会（EEOC）的听证会上就这一问题做证。他同样建议采用幽默诙谐的办法来阻止人际交往中的不当行为。面对带有性别歧视意味的评论，我最喜欢的回答是："今年是哪一年？难道是 1970 年吗？"

最近，我从一位在科技行业工作的销售人员那里听到了一个故事，这个故事验证了上面那个建议。当时他在参加一个商务会议，一天深夜，在酒吧里，一个同行开始根据他最想和谁上床来给公司里的女性排序打分。我的这位朋友（他的孩子还在蹒跚学步）当即阻止，他的语气就像是非常生气的爸爸：

“够了，时间到了！我想你最好现在就回你的房间去！”现场所有人都笑了，排序打分也就此结束。

幽默诙谐的做法可能会让人觉得缺乏力度，但事实上，这种方法非常有效。我的合作者达彻尔·凯尔特纳一直将幽默诙谐作为社交方式来研究。他指出，幽默这种方法既可以向当权者传递你的真实意图，同时又可以加强人际关系。关键是要找到一种方法，让冒犯你的人也能参与其中。例如，你可以用玩笑的口吻告诉你的同事，说他的下属害怕他——这样既承认了他的权力，同时又暗示他不要觉得自己的权力有什么了不起。幽默诙谐是用一种包容的方式来夸大权力的影响：它可以在肯定某人属于这个群体的同时，让他们降低一个档次。

打造“受罚席”。麦琪·尼尔教授最近从斯坦福大学退休了，她在我眼里坚定而公正。她表现这种特质的方式之一就是使用她所说的“受罚席”。如果她圈子内的某个人行为不端，她就将其从游戏中剔除，暂时把他排除在她的职业圈子之外，驱逐到受罚席。这种驱逐从来都不是秘密，如果你被赶到受罚席，你自己是知道的，其他人也知道，因为麦琪会说出来。我和她是二十多年的同事，关系亲密，所以有很多共同的朋友。有时候我会问她，“那谁谁谁怎么样了”？她会说，“在受罚席中待着呢”。然后我俩就会会心一笑。有时她会告诉我原因。把某人晾在受罚席这种做法很像是在开玩笑，可以让作恶者知道他是她圈子的一部分，他的行为很重要，但同时也是在警告他，“表现好点，否则你就出局了！”

受罚席是一种有效的制裁方式，同时也为作恶者留下了自我救赎的空间。它不是永久的排斥，而是明确指出违规行为，但将其视为可以得到原谅，至少在初犯时是这样。受罚席也是以牙还牙策略的一个典型例子：只要对方表现友善，你也会表现得友善；但如果有人表现粗鲁，你也会立刻针锋相对。这是在你的圈子里防止权力滥用的好方法。首先选择相信对方，但是如果对方亵渎了你的信任，那就应当兵戎相见。这种做法的关键是你不能记仇，不能老是耿耿于怀。一旦对方停止了不良行为，明显想要改过自新，你就应当原谅对方，立即表现出善意。

人们很容易相信，如果忽视那些并不是针对我们的不良行为，这些行为就会消失。但研究表明，事实并非如此。这一结论是直接从一本名为《动机 101》的教科书中得出的：人们会继续做能带来回报的事情，回报不仅仅体现在经济奖励和晋升方面，还体现在社会地位方面。问题是，想要影响别人的地位，你必须改变你对待那个人的行为，必须用行动来鼓励好的行为，阻止坏的行为。如果不采取行动，那你如何看待一个人对其他人的做法就没什么意义了。那些善于运用权力、敢于冒险支持他人（尤其是在公共场合）的人，应该得到认可和感谢。为了打击不良行为，滥用权力者必须承受消极的后果。我们已经讨论了实现这一目标的许多方法。要做到这一点，你不必非得是正式的负责人。即使没有权力去提拔或解雇他人，或者没有权力给予经济上的奖惩，我们也都有权力通过自己对周围发生的事情的反应来强化社会规范。比方说，在同辈人中，我们每天都可以做出如下类似的决定：邀请谁、不邀请谁一起共进午餐；邀请谁一起共度欢乐时光或举行闭门会议；邀请谁参与群聊；哪些人的信息我们会及时回复，哪些人的信息我们会视而不见；等等。把某人排斥在圈子之外，即使是暂时的，也是一种非常有效的方式，可以阻止我们生活和工作中的同辈滥用权力。为了更好地运用自己的权力，我们必须愿意接受我们在别人的戏剧中扮演的角色。

齐心协力，相互支持。前所未有地，权力殿堂中的性行为不端不再被认为是理所当然的。过去，人们常常以“男孩就是男孩”之类的借口默默容忍或忽略滥用权力的行为；但现在，这种行为被普遍视为严重犯罪，有真正的受害者，会造成严重后果。因此，社会要求男性承担责任的压力比以往任何时候都大。

出于同样的原因，现在那些支持提高女性地位的男性、老板或首席执行官可以得到真正的回报。在很多领域（并非所有领域），男性从与女性分享权力中获得的地位比从支配女性中获得的地位更高。权力的天平正在发生改变。

几十年前，我在伊利诺伊大学香槟分校上学的时候，整整 5 年时间，我不记得自己曾为哪位女教授工作过或上过她的课。在那座八层高的大楼里，全是心理学研究方面的专家，但女性专家屈指可数，只有卡罗尔·德韦克和性骚扰行为研究专家路易斯·菲茨杰拉德等几位。当然，所有的行政助理都很可爱，非常称职，而且（我们只能假设）都是资历过硬的女性。与此同时，我的女同学向我讲述了她们的不幸遭遇：她们参会时有时会哭着离开会场，因为感到失去了尊严、受到了不公平的评判，还会遭到男教员的性侵。这种情况并不常见，但时有耳闻。

在过去几年里，我一直在想，尤其是考虑到最近发生的一些事情，我是如何在那种环境中毫发无损地生存下来的。答案是我很幸运。我那时只是知道有这种情况，但现在我明白了其中的原因。机缘巧合之下，我参与的项目中的所有男士对我都非常友好，其中有教授、合作作者、统计顾问、论文读者等，他们都很照顾我。这些人都有权有势，本可以利用权势来剥削虐待我，但相反，他们把我置于他们的羽翼之下加以保护。他们给我的作品评分，给我反馈，教我如何分析数据，如何与编辑展开讨论，如何撰写期刊文章，以及如何评论文章。他们帮助我，为我写推荐信——这对任何上司来说都是一种巨大的权力来源，但不求任何回报（除了让我努力工作之外）。女下属与他们一起工作感到轻松愉快。我周围还有另外一些人，比如博士后、访问学者以及高年级的研究生，他们没有正式的权力，但有地位，他们知道内情，能把握现实，但他们尊重、钦佩女学生，将她们当作平等的同胞来对待。在我眼里，他们就像老大哥。他们会问我们过得怎么样，告诉我们要提防谁，当他们觉得有人在与我们打交道时有越界行为，就会告诉我们。有时，男男女女一起出去喝酒时，他们会讲故事，互相开玩笑，以此提醒所有人不要有越界行为。他们敢于对抗，即使面对那些掌握生杀大权的资深领导也不例外。

在写这本书的时候，我联系了一些当年关心我、爱护我的老大哥，想知道他们当时为什么这么做。或者从更广义的角度来说，我想知道是什么促使一个旁观者想要负责任地使用他的权力，保护那些权力较小的人，即使这对他个人来说存在风险。

他们告诉我，他们当时想的是齐心协力、相互支持。正如其中一人所说："我把自己看成是处于同一战壕里的研究生中的一员。"

这个故事告诉我们，如果我们可以选择将自己视为参与者而非旁观者，将自己视为全体演员中的一员而非观众，权力滥用就可以得到有效的监管，甚至可能得到控制。这不是谁关心、谁不关心的问题，也不是你是否关心的问题。大多数人其实都关心发生在他们周围的权力滥用现象，所以说这是一个学会如何表现得你很在乎的问题。

第 10 章

正确使用权力，发挥权力的意义

在 MeToo 运动发展到最激烈的时候，美国国家公共电台（NPR）的一名记者问当时的众议院议长保罗·瑞安，应该如何解决国会普遍存在的性不端行为问题。瑞安回答说："我们是民选官员，应该有更高的标准。"这名记者追问："什么标准？"瑞安说："这个问题问得好。我认为，在国会，我们应该拿自己对其他人的期望来要求自己，应该对自己高标准、严要求，这样我们才能成为榜样，起到表率作用。但显然我们一直没有做到这一点，我认为我们必须努力在这方面做得更好。"

他都说了些什么乱七八糟的话？！

瑞安没有正面回答这个问题，当然这不是他的错。我从未听过有人成功地阐明掌权者应该遵守什么行为标准。事实上，我自己也在为此努力。我们没有这方面的语言表述，甚至不知道到底应该是什么标准。这是因为我们对那些善于使用权力的人和那些不善于使用权力的人都关注得很少。如果人们权力使用得当，就不会成为新闻。因此，我们对成为有效的掌权者意味着什么，或者我们自己能做些什么来成为他们中的一员，并没有十分清晰的认识。

像瑞安一样，大多数人都能说出掌权者不应当做什么——不应当炫耀，不应当利用他人，不应当利用职权谋取个人利益。但心理学家清楚，这种“不应当做……”的方法无助于改变人们的行为，甚至可能使事情变得更糟。哈佛大学已故心理学家丹·韦格纳的研究充分表明，如果人们告诉自己不要做某件事，他们在不经意间反而更有可能去做这件事，因为一想到不做某件事，就会自动激活做那件事的想法。比如下面这个经典的例子。如果我告诉你“不要想白熊”，接下来会发生什么？你会想到白熊。韦格纳的研究发现，这个例子很好，对遏制权力殿堂中的性不端行为具有实际意义。在他的一项实验中，参与者被要求一边打牌，一边在桌子下面偷偷碰牌友的脚。他告诉一些参与者尽量隐藏他们的行为，而另一些参与者则可以不受限制地随意“碰脚”。你认为谁更有吸引力？结果表明，参与者的牌友认为那些尽量不表现出自己正在调情的人更有吸引力。

所以，在扮演主角时，只知道“不应当做……”是不够的，我们需要把伴随权力而来的精力引导到有助于社交的行动中去。如果没有一个明确的行为标准或期望，我们就不应该对达不到预期感到惊讶，因为我们很难达成连自己都看不见的目标。

汲取榜样的力量

我们都需要榜样。在寻找灵感时，最糟糕的场所（很遗憾）是在电视上，因为名人常常声名狼藉。同样，仅仅提醒自己关注生活中那些我们不想效仿的人是不够的，尽管想到权力时，这些人往往会首先出现在我们的脑海中。在寻找灵感的时候，你最好问问自己：“在我的生活中，哪些人在使用他们手中权力的时候给我带来了真正的改变？”

当年我遇见现已身故的伟大的乔·麦格拉思时，我知道他是我父亲（我父亲也是一位教授和社会心理学家）非常钦佩的一位著名的社会心理学家，但乔并不认识我。当时我快 30 岁了，一事无成，内心惶惶不安。我打算重返学校，上 5 年学，从事研究和教学工作，这个工作可能适合我，也可能不适合我。我还打算从东海岸的城市搬到西海岸的玉米地。我飞到芝加哥，租了一辆车，出发去走访中西部一些大学的心理学系。之前我没有告诉任何人我要到中西部地区来。

第一站是伊利诺伊大学香槟分校。我一路打听，来到心理学系大楼前，像个游客一样走了进去，寻找我爸爸给我的那些心理学家的名字，尽量让自己先感受一下这个地方。走着走着，我在二楼走廊的中间停了下来，向下看了看大楼内部的天井。抬起头的时候，我看到一个男人正朝我走来。他穿着黑色运动鞋，走起路来悄无声息，面带微笑。“需要帮忙吗？”他问道。

他说话温和，穿着土气，一副老教授的模样，眼镜的镜片厚厚的，身上挂着笔套，穿着一条腰带束得很紧的裤子。我告诉他自己正处于职业转型期，目前在做服务员，正考虑申请攻读研究生。他打开了他那间小而杂乱的办公室的门，里面散发着咖啡的味道，请我进去。他给了我一个小时的时间，很关心地问了我一些问题。在乔创造的空间里，我找到了当时自己正在寻找的东西。

我后来申请去伊利诺伊大学香槟分校读研究生，也被录取了，并在乔的资助下担任研究助理。我刚来的时候感觉毫无准备，但是乔看到了我身上的某种东西，决心要找出它究竟是什么。一方面，他的标准很高，从不放过任何细节；另一方面，我告诉自己绝不能让他失望。他对我的工作要求很严格，但总是就事论事，从不对我进行人身攻击。他一直给予我支持，无论成败。他总是站在我这边，鼓励我，给我建议，很像是一名教练：他会在他感到满意的文章的空白处，用红笔写上几个粗狂的大字“加油！加油！加油！”如果哪个地方出现错误，他就会写上“仔细确认！”如果我受到了打击，他会帮我振作起来，让我重新开始战斗。

我们在一起度过了很多时光。每周在他的办公室里我们会单独见一次面。有时也在他家里见面，坐在紧挨着厨房的小办公室的椅子上谈工作。有一年夏天，乔和他的妻子玛丽昂邀请我和其他几个学生到他们位于密歇根州的湖边小屋去。我们住客房，乔和玛丽昂住主卧。我们在树林里散步，一边驱赶成群的蚊子，一边谈论我们的想法。我和乔的关系很亲密，很温暖，很安全，没有任何不得体的地方。我从来没有觉得自己如此出众，如此安全，如此能干。在他的呵护下，我开始茁壮成长。

很多学生，尤其是我们女生，都很喜欢他，但也有例外。乔是个斗士，如果你不按他的规则行事，他就会动真格。他在很多方面都非常开明，但原则问题上寸步不让。他知道对学生要和风细雨，但如果需要，他也会毫不犹豫地大发雷霆。乔很善良，但你不能利用他（或任何他觉得自己应对其负责的人）。

我不知道乔如何看待自己手中的权力，但我敢肯定他了解自己掌握的权力，因为他非常在意权力的使用方法。乔创造了安全的空间，在那里他的学生可以安心学习，不用担心承担风险。他对学生一视同仁，尊重每一位学生，同时承认他们拥有不同的权力。他重视智慧、勤奋和卓越，但他本人没有精英身上那种乖戾的特点。他对待工作一丝不苟，但从不妄自尊大。我个人认为，乔·麦格拉思确立了所有掌权者都应该遵守的标准。

有益原则

有益（beneficence）是应用伦理学中的一个原则，它要求身居高位的人优先考虑弱势群体的福利。例如，在学术研究语境中，“有益”这个术语指的是研究人员对待其研究对象的标准。在商业语境中，有益意味着利用权力使利益相关者受益，以尊重员工和客户权利的方式实现经济效益。有益不仅仅将权力视为一种可以积累的或自由支配的资源，还是一种可以投资于他人的资源。有益的标准默认了行为人已经拥有足够的权力，衡量他的标准不是看他拥有多少权力，而是使用权力的目的。

担当主角。莎士比亚曾写道，整个世界就是一个舞台。我大胆改写一下他的话，我想说，各种组织机构在很大程度上就是剧院。位高权重的演员要想很好地运用权力，就必须担当主角。有人说，有两件事是领导者永远不应该委托他人去做的：一是愿景，二是角色。什么意思呢？在任何情况下，职级最高的团队成员必须利用职务带来的地位、知名度和权力来指明方向，让其他所有人理解这个混乱的世界。领导者必须经常出现在舞台上，阐明方向和目标，让所有演员都专注于把他们联系在一起的共同目标。如果没有一个明确的、崇高的和共同的目标，组织就会分崩离析，陷入平庸，就会沦为那些极度缺乏安全感、需要证明自己以及第一时间抓住机会投机钻营的人的博弈战场。

领导者运用权力的方式为其他人搭建了表演舞台。如果组织中最有权势的成员不愿表明立场、阐明愿景，那其他所有人都会争夺控制权，试图建立自己的小王国，工作起来离心离德；如果没有自上而下清晰的方向感，组织就会原地打转，不会有任何进展或建树；如果没有明确的共同目标，个人就只能追求自己的目标，这样他们所做的工作才有意义。

有时，掌权者试图逃避这些责任，因为他们担心自己看起来过于专制、跋扈或自我膨胀（或者担心犯错误）。刚刚上任的领导会将规划远景、制定目标或战略的事务委托给他人去做，试图以此来适应新岗位，并最大限度地获得认可。这种情况并不罕见。但这样做是不对的。确定组织中其他人认为重要的事务，并根据他们的意见制定战略选择，这当然没有错。但是组织负责人有责任担当主角，也就是说负责人应当身先士卒，勇于冒险。

要想在任何情况下都扮演主角，你自身也必须成为一个榜样，不管你是否这样看待自己。你必须率先垂范，树立一个榜样，让其他人知道怎样做才能获得他人的尊重和钦佩。组织学专家李·博尔曼和特伦斯·迪尔在他们的著作《领导力》中写道，如果你将领导岗位视为你扮演的一个角色，就会意识到组织中最受关注的演员是鲜活生动的符号，体现了该组织最神圣的价值观。强大的领导者不仅推动结果的产生。领导者的作用是“消除疑虑，培养成员对组织宗旨的信念，培养成员的希望和信心”。换句话说，领导者有意无意中代表着某些品质。

领导者应成为下属的“安全基地”

美国空军中将杰伊·西尔维亚肯定知道该怎么做。你可以在视频网站 YouTube 上查看他的有关信息，看一下他是如何利用主角身份创造有益文化的。但是首先，我们先介绍一点儿背景知识。

2017 年秋季，竞争激烈的美国空军学院预备学校新学年开学之际，5 名黑人学员候选人在留言板上发现了带有种族主义色彩的侮辱性言论。西尔维亚立即针对此事采取行动。他一身戎装，出现在有 4 000 名学员和 1 500 名教职工参加的集会上。他告诉参会人员：“如果你对此事感到愤怒，就表明你的立场是正确的。”他把对那 5 名学员的侮辱定义为对他们在座的每一个人的侮辱。他说：“你们中的一些人可能认为那件事发生在预备学校，与自己无关。”但是，他说，对那些学员进行的种族攻击就是对军队的攻击，因为种族多样性赋予了军队力量。“这是我们的制度，没有人能夺走我们的价值观。”很多领导者都这么说过，但他们并没有像西尔维亚演讲结束时那样做。他对参会人员说道，“拿起你们的手机”，敦促他们录下他的讲话，以防他们下次需要借用他的话。最后他总结道："如果你不懂得尊重别人，那就滚出去。"

作为领导者，善用权力其实就是为下属提供人质谈判专家乔治·科尔里泽所说的"安全基地"，即"一个人、一个地方、一个目标或一个物体，能够提供一种保护感、安全感和关怀感，并为勇敢、探索、冒险和寻求挑战的行为提供灵感和能量"。科尔里泽借鉴了英国心理学家约翰·鲍尔比的依恋理论，他写道，对权威人物有安全依恋的人心理上感到更安全。他们的行动充满智慧，举止非常成熟，这种智慧和成熟在那些感觉更需要帮助的人身上体现得不太明显。为什么这个结果在组织中很重要？因为掌权者不仅要对自己的行为负责，也应当对他任内发生的作恶行为负责。

这就是为什么在重要角色上觅得合适人选如此重要。要创造一种让人们感到安全、能发挥其最大潜能的文化。领导者仅仅确定方向和担当主角是不够的，还需要确保其他组织成员能得到奖励、晋升，并能根据有益标准和成熟度担任重要的角色。

警惕"演员定型"的危险性

谁在组织中扮演重要角色？如何扮演？应该关注谁？应该推荐谁？最应该重视和奖励哪些人际交往的品质？在确定演员

阵容的时候，我们喜欢用演技作为一个客观标准。但是，判断表演优劣是非常主观的一件事。

在生活中，就像在戏剧中一样，某些人往往一直在扮演某些特定的角色。之所以会出现这种情况，是因为我们通常会借鉴以往的经验，选择那些看起来适合角色的人。在演艺界，这种做法被称为“演员定型”，而在其他地方，这叫作“偏见”。

演员定型现象非常普遍，这一点有据可查。例如，关于隐性偏见的研究表明，社会地位高的人被期望扮演领导角色，而社会地位低的人则被期望扮演配角。为什么？因为向来如此。心理学家早就发现，大多数人相信世界是公平的，也就是说，我们往往不假思索地认为，等级制度反映了一种基于功绩的公平和公正的秩序。“世界是公平的”这个想法是错误的，它通过暗示事情就应该如此来提供一种心理上的安全感，即使更深入思考之后表明事实并非如此。

这种错误观念的影响可以说非常普遍：随处可见反映社会等级的公司，在那些公司里，白人男性担任组织内最高职位的人数超过了其他性别与有色人种，尽管人才库的人员构成比例并不是这样。为什么会这样呢？因为公司和组织在选派角色时，倾向于选择那些外表与行为和大多数现任高层管理者相像的人。因此，如果某个组织是由白人男性管理的，那么这个组织可能会聘用更多的白人男性来担任领导职位，并且更愿意提拔他们。

在娱乐行业，演员定型，或者根据是否适合扮演某个角色来选择演员是有一定道理的，因为观众可能更喜欢并愿意花更多的钱去看某些定了型的男主角和女主角。然而，在舞台和银幕之外，很难找到根据定型来选派角色的解释，也很难自圆其说。不过，其中的道理似乎是一样的。在组织机构中（和政治上），决策者（和选民）把那些看起来最像领导者的品质当作领导能力的标志，这种现象极为普遍。这些品质是通过身体和非言语表现出来的自信心、统治力、外向性、体力和阳刚之气。这些品质都被认为是具有管理能力的体现，在很大程度上是由性别角色刻板印象界定的一种社会结构，可以在被指派扮演重要角色后学习掌握，始终被认为是招聘和晋升的标准。根据这些品质，无疑能够预测组织内部角色分派的结果。然而，它们与演员在这一角色中的表演优劣没有任何关系。

男性在政治、经济领域和职场上仍然比女性拥有更多的权力，所以我们会将权力与男子气概联系在一起，而且也更愿意看到强势、具有支配能力的男性担任要职，这也许并不奇怪。从概念上讲，具有男子气概的行为是由统治力决定的。研究表明，整体来说，人们认为男性比女性更果断、更积极、更自信，而女性则比男性更有爱心、更愿意辅助别人。

另外，我们认为既然男人更有统治力，女人更愿意辅助别人，那事情就应该是目前这个样子。因此，也希望男性表现得强硬，表现得更自信，并根据性别规范坚持自己的主张。如果某个男性表现得很强势，那看起来是理所当然的。其结果就是，总体说来，男性比女性更愿意夸大权力的影响：在男女都在场的情况下，男性往往说得更多，会制造更多的噪声，更自信地表现自己，占据更大的身体空间。对女性来说，性别规范的要求恰恰相反。女人就“应该”表现得善良、友好。基于这个原因，我们通常认为女性不具有领导品质（从统治力的角度来说），即使她们具有这方面的潜力。而且，即便我们认为她们具有领导品质，我们也不信任那些像领导者一样果断、自信和果敢的女性。从地位和建立信任方面来讲，女性认识到尊重和顺从更为安全。因此，如果用统治力作为衡量领导能力的标准，许多女性似乎并不符合要求。

我们用统治力和阳刚之气来衡量领导能力，也根据这些品质来判断领导能力。但问题是，虽然根据这些品质确实可以预测一个人能否升任要职，但却不能预测能否胜任该职位。如果我们能有意识地多根据有益原则选派角色——这样做能真正预测一个人能否有效地使用权力，那么在选角过程中女性可能更占优势，并且不同类型的男性也会升任要职。

想象一下，假如负责人能够根据有益标准，更清楚地选择、培训、评价和奖励求职者，那世界将会发生怎样的变化。假如人们在获得更多的权力、扮演更重要的角色时，靠的不仅仅是业绩，还有经过事实检验的成长轨迹：能正确对待权力和权力差异；具备竞争能力，为了别人的发展也能够积极行动起来；能够承受打击，也能分享高光时刻；能够把集体利益放在首位，并为之奋斗；能够为未来几代人的福祉牺牲个人利益；能够临危不乱，重压之下镇定自若；能够率先垂范，鼓舞士气；坚韧不拔，又能表现得关怀备至，让其他人感到更安全。这些人不正是我们想要的能在工作、家庭、政坛和生活等其他领域行使权力的人吗？

根据有益原则识别领导能力

电影《疯狂的麦克斯：末日战士勇破雷电堡》是四部系列电影中的第三部，内容关于末世未来。故事改编自威廉·戈尔丁 1954 年的经典小说《蝇王》，讲述的是如果世界末日来临，只剩下孩子来建立一个新世界，会发生什么。巴顿镇的居民天真、小气、不成熟、胆子小，对现实世界的认知很幼稚，这样就形成了一种成王败寇的文化，其中缺乏社会秩序，人人自危，所有的孩子都在为他们自己卖力。对此，影片中的人物迪尔古德博士是这样描述的："要攻破雷电堡很简单。拿起武器，想怎么干就怎么干，我知道你们不会违反规则，因为压根就没有规则。"

许多组织机构都是这样的。在商业领域，成王败寇的文化带来的好处备受吹捧，这大概是因为自相残杀的竞争文化能够激发出人的最大潜能。但是，最近的研究发现，在此类组织机构内部，危害最大的非法作恶行为和骚扰行为最为猖獗。在缺乏规则的职场，参加会议就像步入了竞技场，每一次互动都是一场殊死搏斗。在成王败寇的文化中，我们认为其他人都是来对付我们的，我们必须时刻提防，利用每一次机会攫取权力，并用权力来打败对手。

到目前为止，据我所知，还没有人提出过一种可以替代成王败寇的文化，所以我现在打算尝试一下：成王败寇心态的解药是有益文化。在有益文化中，掌权者用他们的权力制定规则，让每个人为自己的行为负责，并且掌权者每天会在他们的行动中表现什么才是为了组织利益行使权力。在成王败寇的文化中选派角色时，我们会寻找最强大的参赛者。在有益文化中选派角色时，我们需要看得更长远一些。我们需要更清楚参赛者的竞争能量从何而来，并且要明白一旦这名参赛者成功了，他将如何使用权力。我们需要一套新的标准来识别领导能力。

成就取向。萨拉在北爱尔兰的一个小镇长大，成长过程中新教徒和天主教徒为了谁来统治这个地区经常发生血腥冲突。她母亲是社区护士，父亲是当地工厂的人事经理，他们在生活中经常帮助他人。萨拉说她从父母身上学到了助人为乐的思想。

萨拉是典型的好女孩，面相温和，长着一双棕色的大眼睛，读工程专业本科期间表现突出，在商学院读研究生时以班级前 10% 的成绩毕业。她的第一份重要工作是在一家人人都想去的顶级咨询公司。后来她转投到一家顶级投资银行，那里的竞争更为激烈。

在她职业生涯的早期，有人曾建议萨拉选择一条可以对业绩进行量化评估的职业道路，也就是说，可以用数字来衡量。之所以如此，是希望这样可以保护她不受性别偏见的影响，因为在一些更依赖主观业绩标准的职业中，性别偏见会阻碍事业发展。在银行，她干得很出色，事业蒸蒸日上。但在咨询如何能够成为合伙人的时候，她遇到了麻烦。一位咨询顾问告诉她："如果你想成为合伙人，就必须努力争取。你要告诉每个人你想要这个角色，并且绝不妥协。你必须表现得十分渴望、十分坚定，要让人知道你有多好斗。不要一味地'等待'天上掉馅饼。"

萨拉回去就开始行动起来，埋头仔细研究，选择所有可行的方案。她一边追求业绩，一边四处游说，为自己宣传造势，可以说竭尽全力，以至于她担心自己的表现是否太具侵略性了。几个月后，她又去找咨询顾问，结果咨询顾问说她还不够强势。

后来萨拉离开了金融领域，转投到科技领域，并在她曾参与帮助上市的价值 10 亿美元的公司担任首席财务官。如今，她是一家大型社交媒体平台的首席执行官。显然，萨拉完全有能力在投资银行中担任更重要的角色，但她无法采取金融领域看重的斗争方式成为合伙人。她没有把精力用在争取更重要的角色上，而是专注于创造业绩，让其他人在她扮演角色的带领下受益。当这一切还不能让她满意的时候，她换到了新的领域，在那里她的天性显示出了更大的优势，她所做的一切对每个人都非常有利。

根据渴望程度来提拔员工是很常见的，但与传统观点相反，研究发现，个人抱负和自我提升并不代表一定具有领导能力。有证据表明，事实可能正好相反。夸大权力影响的能力——游说、自我推销、建立自己的圈子，努力引起别人关注自己、自己的业绩以及自己获得地位的能力，是一种重要的预测指标，可以用来预测谁会在团队中脱颖而出，得到提升。对许多人来说，这是职业生涯中最具挑战性的一种能力。但是有益标准表明，在很多情况下，过分强调这种能力可能是错误的。例如，戴维·麦克利兰的研究表明，对权力有强烈需求的专业人士升迁很快，但他们的职业生涯容易出现丑闻。那些既渴望权力又渴望成就的人有着不同的更成功的职业轨迹。对成就的需求、对统治力和卓越自我的需求，是对权力需求的一种社会化影响。这表明，要想创建能够有效使用权力的组织机构，在选派角色（选人用人）时一定要选择那些既能迅速崛起，又关注表演质量的人，这些人愿意从平凡的岗位做起，专心学习，提高他们的专业技能，并愿意（反复地）为他们关心的事务做贡献。

有效使用权力的关键是关注你的团队需要什么。对有些人来说，这一点一目了然；而对有些人来说，并非如此。记者山姆·沃克说，艾森豪威尔从未想过要竞选总统，但他无疑是美国历史上最受欢迎的总统之一。他参选总统完全是出于义务，因为他的政党希望他参加竞选。那些视权力为责任而非积累重要资源机会的领导者，不大会在乎自己对地位、他人拥戴和认可的需求，他们更在意的是要有所建树，让每个人都从中受益。因此，我们不应当以个人抱负作为选拔领导者的标准，也许应当以致力于解决别人问题的奉献精神作为标准。

奉献取向。根据个人魅力或声望来选择掌权者也有很大的风险，尽管这种做法非常普遍。那些更在乎个人声望而不是对自己负责的团队产生影响的管理者，在行使权力时的表现往往不如那些不那么在乎个人声望的人。

魅力是一种磁力，其强度因人而异，是人与人之间吸引力的重要来源。但研究表明，魅力实际上对团体和组织的成功影响甚小。魅力和统治力一样，也能拿来预测谁可以在组织中担任重要角色，但同样，这种预测也缺乏理性。

哈佛大学教授拉凯什·库拉纳是研究魅力型领导者的专家，他在《哈佛商业评论》中写道："没有哪位首席执行官会永远做下去，因此任何基于个人权力的权力体系最终都是不稳定的。依赖于连续不断的魅力型领导者的组织机构，从本质上来说是在依赖运气。”

“魅力型领导者拒绝别人限制他们的能力和权威。他们反抗一切对他们权力的制约，无视适用于他人的规则和规范。他们可以利用其追随者的非理性欲望，这是因为追随魅力型领导者不仅仅需要承认他的能力，还需要完全臣服于他。”魅力能够吸引他人的注意力和积极的关注。但是，如果根据个人魅力和声望选派领导角色，那可能就是在冒险，提拔上来的人可能更在乎别人是否喜欢自己，不关心对别人造成的影响。

但是，如果根据有益原则选派角色，我们就可以侧重于关注候选人是否热心这一特点。热心、魅力和声望常常被互换使用，但实际上它们根本不是一回事。掌权者身上体现出来的热心，不仅显得迷人、可爱，还体现了更深层次的含义，意味着发自内心的关心、奉献、可靠，愿意随时对你伸出援手，即使你做事草率、不堪重负、性格内向或心不在焉。热心体现出的是你的可靠，表明你希望别人成功，愿意发挥个人能量，承担个人风险，做出个人牺牲来成全别人。

热心体现的是一种能力，表明你有能力在必要的时候采取有力行动，帮助别人，但同时没有丝毫威胁的意味——无论是夸大权力影响还是淡化权力影响，向别人保证你站在他们一边，随时可以提供支持，帮助他们发展进步，根本不需要谄媚奉承或无意义地空谈。

热心常被认为与能力不相容。但我在这里定义的热心，就像严厉的爱一样，并不会削弱人们对能力的认知。相反，它们可以相互强化。我们在选派角色担任重要岗位时，不应该依靠个人魅力和声望，应该考虑寻找能证明其能力的证据，再看对他人的关爱和奉献精神。

成熟取向。权力大的人优先考虑弱势群体福祉的能力，即有益，是成熟发展的标志。然而，在选派领导角色时，没有人谈论这种品质。在各种文化和心理学理论中，成熟被定义为一种控制自私的冲动，以有益于他人的方式行事的能力。根据戴维·麦克利兰的说法，对待权力的成熟方式，也是这样定义的。他发现，大多数专业人士都致力于通过获取权力来谋求个人发展，但从心理学上来看，这种对待权力的方式并不是特别成熟。他认为，对待权力更成熟的方式与对社会做出持久贡献的成功事业有关，特点是意识到权力是一种存在于自身之外的资源，其目的是解决他人的问题。如果我对麦克利兰的观点理解无误的话，在挑选领导角色时，这一点正是我们应该注意的。

权力领域中的发育成熟，看起来像是体育记者山姆·沃克在其著作《执行层领导力》（*The Captain Class*）中描述的某些具有传奇色彩的运动队队长身上体现出来的那种无私品质：他们愿意承担重任，为了团队胜利甘愿带伤作战；他们具备“一键制动”的控制能力，能够控制自己的情绪，为了团队利益有目的地转化自己的情绪。

我的同事尼尔·哈勒维将这种品质称为“内群体之爱”（in-group love）。有些决策者具备这种品质，有些决策者没有。这种品质促使决策者不计个人回报，甘愿利用个人资源推动群体事业发展。哈勒维使用类似于囚徒困境的实验游戏范式来研究如何在个人和群体回报之间做出选择，以及这些选择会对他们的地位和权力产生什么影响。他发现，那些非常关心群体利益、愿意冒个人损失风险的玩家会被提升到领导职位，而那些试图通过牺牲他人来玩游戏的人会被淘汰。明眼人一看就明白其中的道理，可为什么选派重要角色的人看不到这一点呢？

这种行为方式听起来可能不合理，但实际上并非如此。人能比较成熟地使用权力的标志是，他们开始侧重于保护后代。从进化的角度来看，这是唯一有意义的做法。各种群体也应重视这种对待权力的方式。在哈勒维的研究范式中，那些放弃自己的资源、不计个人得失、不计个人利益投身集体事业的学生表现出了超越年龄的成熟，其中没有任何自我保护的成分。尽管看起来不合理，但他们因此获得了地位，或被视为具有领导潜力。这些人正是群体需要的领导者，群体不需要那些自私自利的人，即虽然具备统治力和竞争力，但于他人无益；也不需要那些根本不在乎谁是受益者，总是表现得慷慨或无私的人。如果某个人表现出一种习惯，或者至少表现出一种心理，忠于群体，愿意为群体利益奉献付出，愿意根据群体发展壮大的需要牺牲个人利益或机会，愿意积极行使权力或将其让与他人，这就表明这个人使用权力的方法是成熟的。

有益的力量

我们往往会从工作的角度来考虑权力问题，但事实上，权力问题也适用于职场外的生活。过去几年里，世界上独裁政府的数量有所增加，这令观察人士感到困惑，但我明白其中的道理。随着社会变得越来越不稳定，资源短缺的威胁越来越大，我们渴望加强秩序和社会控制。越来越多的人感到无能为力，越来越多的虐待和暴力行为随之产生。

解决全球不平等问题可能不是一个切实可行的理想，但单纯地更好地管理权力差异，这个目标还是容易实现的。人们在感到非常安全的时候，就会慷慨大方。涉及权力，有句俗话说得好：放眼全球，立足本地。要想对世界产生影响，首先要在国内树立信任，提倡奉献精神。

人们把自己视为部族的一部分彼此联系时，就会互相照顾。在世界上有些地方，自古以来便是如此，但遗憾的是，美国不存在这种情况。在美国文化中，财富和繁荣与公共价值观背道而驰。它给人的感觉是（我认为这种观点是错误的），因为我们不需要为了物质生存依赖彼此，所以作为自由人比作为集体成员更快乐，也更有利。研究并没有证明这一点。事实上，无数的研究表明，社会联系是心理健康状况最重要的预测因素。把自己看作集体中的一员，比如全体演员中的一员、剧团中的一员、剧本中的一员，可以在心理上把我们和其他人联系在一起，和比我们更伟大的事业联系在一起。

我们往往认为文化是固定和稳定的，但在很大程度上，文化只是一套关于世界及其运作方式的假设和规范。文化也不是上天安排好的，因为我们在不断地创造自己身边的文化，以此强化我们的目标和信仰。领导者和企业家每天都在这样做，老师和家长也是如此。无论是创立企业、教育子女，还是养家糊口，我们都可以创造一种利用权力造福他人的文化。这其中的关键是要以身作则，建立严格的制度规范，鼓励人们多做贡献，赏罚分明。在这个世界上，如果我们在物质上对彼此的需求越来越少，那么我们在心理上对彼此的需求就会越来越多。认真对待自己扮演的角色是建立良好关系的秘诀。

权力的意义

下面要讲的是我从与那些以讲权力故事为生的演员闲聊中学到的一些东西。我们需要改变对于成为一个有权力的人、过上有权力的生活的看法。在伟大的戏剧和文学作品中，没有哪个故事讲述的是某个完美的角色从一开始就天下无敌、占尽优势。没有人会关心这样的角色，也没人能与之产生共鸣。无论是在戏剧中还是在生活中，引人入胜的都是奋斗史，其中的主人公既有功成名就之时，也有败走麦城之日，但自始至终坚持不懈、不屈不挠。

在我的课堂里，以表演方式展现权力的学生们最初常常会想，为什么我会要求他们扮演著名戏剧中那些令人讨厌的角色，比如，大卫·马麦特《拜金一族》中腐败堕落的推销员，约翰·帕特里克·申利《一根骨头四条狗》中绝望、专横的女演员，或者卡里尔·丘吉尔《天之骄女》中酗酒、粗俗、长期不和的姐妹，而不是令人钦佩、不可战胜的英雄，仁慈的国王，或历史上受人尊敬的领袖。答案很简单：没有人会把完美的人生写入剧本，因为那样的故事不真实，并且缺乏艺术魅力。伟大的戏剧揭示了人性中深刻而普遍的真理，能使我们从中看到彼此的影子。在所有动人的故事中，最能引起震撼的人物同我们所有人一样都是不完美的，他们身上的弱点暴露无遗。这就是我们真正关心他们的原因。

为了更好地行使权力，我们需要具备人类的所有特点，既包括弱点，也包括优点。这就是为什么在舞台上扮演有缺陷的角色是有用的。如果你从内心认识到某个角色丑陋的本质，表演的时候在观众面前做一些你在做自己的时候永远不会做的事情，并且发现这样做并不能从根本上改变你的身份，那这种表演经历就可以改造你的世界观。说实话，在舞台上扮演有缺陷的角色其实是在进行同理心的训练，要求我们理解他人身上交织的善与恶，要求我们在对待他人和我们自己的时候，选择接受，而不是批评，选择爱，而不是憎恨和恐惧。

这听起来是不是有点儿盲目乐观？或许吧。我们可以继续整天争论人的本质是善还是恶，争论权力是属于获胜者还是给予者。但实际上没有人知道这些问题的答案，而且，说句哲学家们不爱听的话，没有人能够回答这些问题。不过，作为心理学家，我确实知道，创造我们想要生活在其中的世界的唯一方法，就是假装我们已经生活在那里。如果我们认为别人想要伤害我们，没有人可以信任，我们在这个世界上孤立无援，那么我们就会利用权力来保护自己。如果我们心存恐惧地采取行动，就会创造一个人人自危的世界。但是，如果我们满怀希望地采取行动，就像我一样，认为大家从本质上说都是好人，都富有同情心，那么我们就会慷慨地使用权力，把他人利益放在首位，打下信任的基础，并且使得他人也愿意按照这样的方式为人处世。对我来说，这就是权力的意义。

致 谢

非常感谢与我合作的各位斯坦福大学老师，十多年来，我同他们一起开发并讲授了“权力表演课”这门课程。我与杰出的艺术家的合作，其中包括演员、即兴表演者、编剧和导演，极大地丰富了我的生活。我从这些鼓舞人心的表演者、优秀的现场指导和慷慨无私的人身上学到了很多，不仅仅学会了表演，还认清了权力的本质。其中包括我们的权威专家凯·科斯托普洛斯，他是我第一个表演老师和课程联合创始人；里奇·考克斯·布莱登、梅丽莎·琼斯·布里格斯和丹·克莱因，他们都是杰出的教师和经验教学法大师，一直与我努力合作，改善教学基本模式；BATS 即兴表演剧团的创始人和杰出的现场指导威廉·霍尔；凯莉·帕夫、丽莎·罗兰、凯文·拉斯顿、珍妮特·沃森、鲍比·文耐普以及其他杰出的戏剧专业人士，他们多年来经常前来客串表演，感谢他们分享诸多的表演才艺，并将艺术的人性化内涵带入我们商学院的课堂。无论顺境还是逆境，这些杰出人士不仅是我的团队成员，也是我的家人、我的工作乐园。

感谢心理系副主任以及他们手下的工作人员，他们从一开始就支持我的工作，同意我建造一些造价不菲但我认为有趣有用的东西。格伦·卡罗尔承担了第一个，可能也是最大的风险，为我提供了时间、空间和金钱，批准我在投资回报不确定的情况下聘请一名表演老师。随着课程的发展，马德哈·拉詹和尤斯·范伯格增加了资源投入，帮助我打造了一个一流的教学团队。早在这门课程还没有引起所有人关注之前，戴维·克雷普斯就为我创造条件，做好了所有后续准备工作。他把我带到芭芭拉·拉内布朗的课堂上，后者让我看到了演员思维方式在表演艺术领域之外的价值。特别感谢保罗·马蒂什，他在后勤保障方面为我们解决了很多棘手的问题。刚开始我们只能在一间活动板房内上表演课，因为教学楼里没有适合表演用的教室。后来，他为 5 个部门配备了 13 名临时员工，提供了表演和培训场地，建立了一个鲜活的剧本和场景清单，并不断增加新的内容，让整个工作看起来轻松顺畅。

本书在写作过程中还得到了另外一些人的帮助。非常感谢我的经纪人克莉丝蒂·弗莱彻。她抓住了第一条线索之后，紧追不舍，帮助我成功地设计（并推销出）出版计划，说服我克服障碍，帮我搬请援兵，提供掩护，不急不躁地引导我朝正确的方向前进。她的每一次参与，都会带来巨大的价值。皇冠出版集团的天才编辑塔里亚·克罗恩也为我提供了极大的帮助。她一直是我的精神导师，在我需要帮助的时候总会及时出现，帮助我在纠结混沌中理清思路，让我明白对我来说什么是正确的，什么是重要的，什么是需要落笔成文的。我没有权力期望在这一写作过程中会遇到这样一个投入、努力和睿智的搭档，更不曾奢望会遇到这样一个开心果似的伙伴，即便面对艰巨繁重的任务也表现得积极乐观。感谢彼得·古扎尔迪和梅勒妮·瑞克，他们在我忙得焦头烂额的时候冲上来帮忙，把我从困境中解救出来。他们的声音、语言和措辞一直回响在我耳边。感谢布里吉特·萨姆伯格，他帮我从我不熟悉的领域中挖掘出了一些有趣的奇闻逸事。感谢皇冠出版集团的蒂娜·康斯特布尔、Profile出版社的海伦·康福德以及全球其他出版商对我和这本书的信任。

非常感谢谢丽尔·桑德伯格，她读了本书的初稿后，从世界的另一端给我打来电话，同我进行了一番长谈，详细地讨论了这本书，提了一些建议，并对我表示支持。其实，她只要在电子邮件中给我发一个表示“喜欢”的表情符号就能让我受宠若惊，但她开诚布公、睿智聪明、一丝不苟。她的帮助极大地提升了本书的质量。感谢我在斯坦福大学的同事伯努瓦·莫宁（他同时也是一名专业演员，一位卓越的社会心理学家，“权力表演课”这门课程的联合指导老师，也是我的研究合作者），他对本书不吝溢美之词。他在初稿中融入了自己那妙不可言的文艺复兴式的人文思想，极大地提高了书稿质量，超乎我的预期；感谢恩·赖特和塞隆纳姐妹，她们阅读了早期的书稿，并提出了有益中肯的意见。

我对权力的思考受到了许多前辈的启发，其中有些人我从未见过，如西蒙娜·德·波伏娃、戴维·麦克利兰、汉斯·摩根索、谢尔盖·莫斯科维奇和玛莎·努斯鲍姆；有些人我见过，如戴维·基普尼斯、查兰·内梅特、杰弗里·普费弗、菲利普·泰特洛克、戴维·温特和菲利普·津巴多；我还有幸结识了一批非常优秀的学术合作作者，他们对我的影响不可估量，其中包括卡麦隆·安德森、奈特·法斯特、亚当·格林斯基、露西亚·纪洛里、李潢、埃娜·伊涅西、达彻尔·凯尔特纳、迈克尔·克劳斯凯蒂、凯蒂·李简奎斯特、乔·麦基、金·里奥斯·莫里森、恩·赖特、尼诺·希凡纳森、梅丽莎·托马斯·亨特、拉里萨·蒂登斯、詹妮弗·惠特森和梅丽莎·威廉姆斯。他们都使我更加了解本书的核心内容，即在感到无能为力的时候拥有权力所面临的挑战，在掌握权力的时候行使权力所面临的挑战。我早期做的一些关于群体活动和人际关系方面的宽泛研究也为写作本书提供了参考，非常感谢霍利·阿罗、瑞安·比斯利、詹妮弗·伯达尔、艾略特·法恩、安德里亚·霍林斯黑德、朱丽叶·卡博、彼得·金、贝塔·曼尼克斯、保罗·马托拉纳、乔·麦克格雷斯、玛吉·尼尔、凯瑟琳·欧·康纳、凯西·菲利普斯、贾里德·普雷斯顿和鲍勃·怀尔。感谢我教过的所有 MBA 学生和高管教育研修生，无论是过去的还是现在的学生，无论是近在咫尺的还是远在天涯的，你们都让我受益匪浅，让我明白了现实世界中的权力运作方式以及奉献的意义。我特别感谢那些曾经向我提出尖锐问题而我没有现成答案的学生。非常感谢你们中的许多人与我一起分享了很多精彩的、具有启发意义的、令人信服的个人故事，我真的很钦佩你们。你们中的一些人知道自己的故事可能会被写进这本书里，而有些人不知道（对此请放心，我已经尽我所能隐去你们的身份）。感谢你们的坦诚开放，感谢邀请我们大家一起来学习你们的经验教训。

最后的感谢献给我挚爱的家人。感谢我们的孩子英迪亚和黛西，你们俩是我的一切，尽管我知道自己有时候表现得好像并非如此。你们每天都用你们的优雅、智慧、爱心和幽默鼓舞着我，你们表现出了超出你们年龄的强大力量、韧性和成熟。谢谢你们的耐心，谢谢你们对我的信任，谢谢你们希望我成功。感谢我的父母、我爱人的父母和我的姐姐，我爱你们，敬重你们，我希望自己能让你们感到骄傲。可能在这本书里看不到你们自己，但我在写这本书的时候，每天都在想着你们，想着我们。感谢我亲密的爱人加斯。千言万语凝成一句话：你应当获得一枚奖章。感谢你在使用权力时表现出来的勇敢、无畏和仁慈，感谢你对生活中表现出色的女性的坚定支持，感谢你对自己在每个舞台上扮演角色的无私奉献和付出。

注 释

第 1 章 权力的本质

19 一项大型荟萃分析结果显示：S. C. Paustian-Underdahl, L. S. Walker, and D. J. Woehr, “Gender and Perceptions of Leadership Effectiveness: A Meta-Analysis of Contextual Moderators,” *Journal of Applied Psychology* (April 28, 2014), advance online publication, http://dx.doi.org/10.1037/00036751。

第 2 章 刻意夸大权力影响

25 地位表演：Keith Johnstone, *IMPRO: Improvisation and the Theatre* (London: Faber and Faber, 1979)。

32 掩盖的可能是对他人的尊重与喜爱：Dacher Keltner, Randall C. Young, Erin A. Heerey, Carmen Oemig, and Natalie D. Monarch, “Teasing in Hierarchical and Intimate Relations,” *Journal of Personality and Social Psychology* 75 (1998): 1231–1247。

41 “权力平衡木”：Richard J. Hackman and Diane Coutu, “Why Teams Don’t Work,” *Harvard Business Review* 87, no. 5 (2009): 98–105。

42 这些表现得过于自信的成员的地位也不会受到损害：Cameron Anderson, Sebastien Brion, Don Moore, and Jessica A. Kennedy, “A Status Enhancement Account of Overconfidence,” *Journal of Personality and Social Psychology* 103 (2012): 718–735。

第 3 章 刻意淡化权力影响

59 让他们看到你人性的一面：Howard Schultz and Adam Bryant, “Good C.E.O.s Are Insecure (and Know It),” *New York Times,* October 9, 2010。

61 在员工眼里，这样的管理者变化无常，难以预测：David C. McClelland and David H. Burnham, “Power Is the Great Motivator,” *Harvard Business Review,* January 2003。

65 更有可能成功：Joey T. Cheng, Jessica L. Tracy, Tom Foulsham, Alan Kingstone, and Joseph Henrich, “Two Ways to the Top: Evidence That Dominance and Prestige Are Distinct Yet Viable Avenues to Social Rank and Influence,” *Journal of Personality and Social Psychology* 104 (2013): 103–125。

66 不但表达积极情绪，也表达焦虑情绪，并使用人性化的语言：Ari Decter-Frain and Jeremy A. Frimer, “Impressive Words: Linguistic Predictors of Public Approval of the U.S. Congress,” *Frontiers in Psychology* 7 (2016): 240, doi:10.3389/fpsyg.2016.00240。

66 更多地依赖于权威而非其他方法：Victor H. Vroom and Arthur G. Jago, “The Role of the Situation in Leadership,” *American Psychologist* 62, no. 1 (January 2007): 17–24。

第 4 章 恪守剧情，“表演”自己

74 换句话说，做自己是一种表演行为：Erving Goffman, *The Presentation of Self in Everyday Life* (New York: Anchor Books, 1959).

80 独生子女或家中最小的孩子：David C. McClelland, *Human Motivation* (Cambridge University Press, 1988)。

81 女性偿还贷款的记录好于男性：Derek Thompson, “Women Are More Responsible with Money, Studies Show,” *The Atlantic,* January 31, 2011。

84 之后两人成了关系亲密的同事：Brian Uzzi and Shannon Dunlap, “Make Your Enemies Your Allies,” *Harvard Business Review,* May 2012.

85 真理、使命或爱情：David Brooks, “Making Modern Toughness,” *New York Times,* August 30, 2016, https://www.nytimes.com/ 2016/08/30/opinion/mak-

ing-modern-toughness.html.

101 如何建立自己的“领地”：Herminia Ibarra, *Act Like a Leader, Think Like a Leader* (Boston: Harvard Business Review Press, 2015).

第 5 章　根据剧情调整，甘当配角

112 打乱旧有的做事方式：National Research Council, *Sociality, Hierarchy, Health: Comparative Biodemography: A Collection of Papers,* edited by Maxine Weinstein and Meredith A. Lane (Washington, D.C.: National Academies Press, 2014)。

113 晋升是首要任务：Delroy L. Paulhus and Oliver P. John, “Egoistic and Moralistic Biases in Self-Perception: The Interplay of Self-Deceptive Styles with Basic Traits and Motives,” *Journal of Personality* 66, no. 6 (1998): 1025–1060。

第 6 章　应对表演焦虑

137 不知该如何是好：“Jay-Z: The *Fresh Air* Interview,” November 16, 2010, https://www.npr.org/2010/11/16/131334322/the-fresh-air-interview-jay-z-decoded。

137 她唱不出来了：Amanda Petrusich, “A Transcen- dent Patti Smith Accepts Bob Dylan's Nobel Prize,” *New Yorker,* December 10, 2016。

137 这首歌开头部分是和弦：Patti Smith, “How Does It Feel?,” *New Yorker,* December 14, 2016。

140 宁愿排第二：Cameron Anderson, Robb Willer, Gavin J. Kilduff, and Courtney E. Brown, “The Origins of Deference: When Do People Prefer Lower Status?,” *Journal of Personality and Social Psychology* 102, no. 5 (2012): 1077–88。

141 害怕局内人出手陷害自己：David Winter and Leslie A. Carlson, “Using Motive Scores in the Psychobiographical Study of an Individual: The Case of Richard Nixon,” *Journal of Personality* 56, no. 1 (1988): 75–103。

第 7 章　警惕权力腐败现象

161　我丧失了应有的立场：Jonathan Shieber, "500 Startups' Dave McClure Apologizes for 'Multiple' Advances toward Women and Being a 'Creep,'" *TechCrunch,* July 1, 2017。

164　要么增加了他们的食欲，要么削弱了他们控制欲望的能力：Dacher Keltner, "Don't Let Power Corrupt You," *Harvard Business Review,* October 2016。

167　更有可能在工作中采取报复行动：Melissa J. Williams, Deborah H Gruenfeld, and Lucia E. Guillory, "Sexual Aggression When Power Is New: Effects of Acute High Power on Chronically Low-Power Individuals," *Journal of Personality and Social Psychology* 112, no. 2 (2017): 201–223。

169　其分支是控制权：Lundy Bancroft, *Why Does He Do That?* (New York: Putnam, 2002)。

169　人们常常搞不清孰是孰非：Cavan Sieczkowski, "Former CIA Officer: Listen to Your Enemy, Because 'Everybody Believes They Are the Good Guy,'" *Huffington Post,* June 14, 2016。

172　赌博成瘾：Nina Munk, "Steve Wynn's Biggest Battle," *Vanity Fair,* June 2005.

175　最终被指控欺诈：John Carreyrou, *Bad Blood* (New York: Knopf, 2018)。

176　导致卡兰尼克被解雇：Stanford Graduate School of Business, December 3, 2018; video on YouTube。

179　一直在错误的地方寻找虐待过他的父母：Lucinda Franks, "The Intimate History," *Talk Magazine,* September 1999。

181　很有可能之后会打电话约她出去：Donald G. Dutton and Arthur P. Aron, "Some Evidence for Heightened Sexual Attraction under Conditions of High Anxiety," *Journal of Personality and Social Psychology* 30 (1974): 510–517。

第 8 章　勇敢拒绝，不再扮演受害者

198　在言语上表现出的自信或优势地位：M. J. Williams and L. Z. Tiedens, "The Subtle Suspension of Backlash: A Meta-analysis of Penalties for Women's

Implicit and Explicit Dominance Behavior," *Psychological Bulletin* 142, no. 2 (2016): 165–197.

第 9 章 不做旁观者，与盟友齐心协力

204 获得了近 100 万次的点击量：Jim Dwyer, "When Fists and Kicks Fly on the Subway, It's Snackman to the Rescue," *New York Times,* April 12, 2012.

217 当最受尊崇的男人已经在船上的时候：Shelley Correll, "Reducing Gender Biases in Modern Workplaces: A Small Wins Approach to Organizational Change," *Gender and Society,* November 9, 2017.

第 10 章 正确使用权力，发挥权力的意义

229 "在这方面做得更好"：National Public Radio, "Paul Ryan's Full Interview with NPR's Steve Inskeep," December 1, 2017, https://www.npr.org/2017/12/01/567012522/。

237 在那些感觉更需要帮助的人身上体现得不太明显：George Kohlrieser, "Secure Base Leadership: What It Means and Why It Really Matters," *Tal- ent and Management,* October 23, 2012。

246 "需要完全臣服于他"：Rakesh Khurana, "The Curse of the Superstar CEO," *Harvard Business Review,* September 2002, https://hbr.org/2002/09/the-curse-of-the-superstar-ceo。

247 在个人和群体回报之间做出选择：N. Halevy, E. Y. Chou,T. R. Cohen, and R. W. Livingston, "Status Conferral in Intergroup Social Dilemmas: Behavioral Antecedents and Consequences of Prestige and Dominance," *Journal of Personality and Social Psychology* 102, no. 2 (2012): 351–366, http://dx.doi.org/10.1037/a0025515。